돈의 흐름을 내 것으로 만드는

운명 사용설명서

사주
재테크

일러두기

《사주 재테크》는 2018년 출간한 《내 사주에 재물운이 있을까?》의 개정증보판입니다.

사주 재테크

초판 1쇄 발행 2018년 10월 10일
개정판 1쇄 발행 2022년 01월 31일
지은이 강병욱 **펴낸이** 이성용 **책임편집** 박의성 **책디자인** 책돼지
펴낸곳 빈티지하우스 **주소** 서울시 마포구 성산로 154 4층 407호(성산동, 충영빌딩)
전화 02-355-2696 **팩스** 02-6442-2696 **이메일** vintagehouse_book@naver.com
등록 제 2017-000161호 (2017년 6월 15일) **ISBN** 979-11-89249-64-9 03320

- 빈티지하우스는 독자 여러분의 투고를 기다리고 있습니다. 책으로 펴내고 싶은 원고나 제안을 이메일(vintagehouse_book@naver.com)으로 보내주세요.
- 파손된 책은 구입하신 서점에서 교환해 드리며 책값은 뒤표지에 있습니다.

돈의 흐름을 내 것으로 만드는
운명 사용설명서

사주 재테크

빈티지하우스
VINTAGE HOUSE

들어가는 글

아무리 노력해도 내 마음 같지 않은 세 가지

세상에는 아무리 노력해도 오르지 않는 것이 세 가지 있다고 합니다. 첫 번째는 내 아이의 성적이고, 두 번째는 남편의 월급이며, 세 번째는 내가 가진 주식의 가격입니다.

이 말에는 우리가 삶에서 무엇을 중요하게 생각하고, 또 무엇 때문에 고민을 하는지가 모두 들어 있습니다. 부모 입장에서는 아이가 공부를 잘해서 좋은 대학에 진학해 안정된 직장을 가지고 살았으면 하는 희망이 담겨 있으며, 직장인 입장에서는 월급이 올라 안락한 삶을 살았으면 하는 희망과, 사회적인 관계에서는 남들보다 폼나게 살기 위해 돈을 좀 더 많이 벌었으면 좋겠다는 희망이 가득 담겨 있는 것이죠.

이런 희망들이 모두 이루어지면 얼마나 좋겠습니까. 하지만 이 희망들이 잘 이루어지지 않기 때문에 사람들 입에 오르내리는 말이 되었을 겁니다. 인생은 내가 희망하는 대로 살아지지 않기 때문에 밤잠을 설치면서 이런저런 고민을 하게 됩니다.

어떤 집은 공부를 잘하는 아들이 갑자기 가출을 해서 하늘이 무너지는 경험을 하는 반면, 어떤 집은 하나뿐인 아들놈이 밤낮 게임만 하면서 말썽을 부리더니 어느 날 프로게이머가 되어 버젓이 대기업에 입사하는 집도 있습니다.

또 어느 집은 남편 월급이 올라 좋아했더니 달랑 몇 푼을 더 벌려고 애쓰던 남편이 과로로 쓰러져 생계가 막막해진 집도 있습니다. 또 어떤 집은 주식으로 수십억 원을 벌어서 좋아한 것도 잠시, 가족 간에 갈등이 깊어져 가정이 깨지는 곳도 있습니다. 이런 게 모두 우리네 인생사입니다.

주식시장은 전설적인 이야기들이 많은 곳입니다. 한때 주식시장에서 수천억 원의 자금을 굴리던 광화문 곰은 불과 몇 년 만에 그

많던 돈을 모두 날리고 운명을 달리했고, 증권사의 말단 직원이었던 어떤 젊은이는 코인으로 수백 억을 벌어서 해외로 이민을 준비하고 있다는 말도 있습니다.

사소한 사례로는 남편 몰래 투자에 나섰던 가정주부는 간 크게도 건물을 세 채나 날리는 과감성을 보이기도 했고, 주식의 주자도 모르던 어떤 시골 촌부는 노후자금으로 모아둔 자금을 모두 까먹고 전전긍긍하곤 합니다.

이 사람들은 왜 이런 일을 겪게 된 것일까요? 같은 날, 같은 가격에 삼성전자를 샀는데 어떤 사람은 수익을 보고, 다른 사람은 오히려 손해를 보는 것은 무슨 조화일까요?

분명 우리 삶에는 우리가 이해하지 못하는 운명이라는 것이 있는 것은 아닐까요? 그래서 어떤 이는 연초마다 점집으로 또 다른 이는 철학관으로 가서 새해의 운세를 묻곤 합니다.

그때 듣는 말들은 한편으로는 위로의 말이 되기도 하고 또 한편으로는 불안함의 이유가 되기도 합니다. 그런데 나를 상담해주는 그 사람들은 도대체 어떤 근거로 내게 이런 말 저런 말을 해주는 걸까요? 만약 그 근거가 있다면 그것을 스스로 알 수 없을까요?

동서고금을 막론하고 돈을 싫어하는 사람은 없습니다. 싫어하기는커녕 돈이라면 모두가 속된 말로 환장을 합니다. 그런데 그 돈이 약이 되기도 하지만 독이 되기도 한다는 것을 이해하는 사람은 많지 않습니다.

경제가 어려워지고 삶이 팍팍해지면서 모두들 돈, 돈, 돈을 외치며 재테크에 적극적으로 뛰어들고 있습니다. 세상은 주식투자를 하는 사람, 부동산투자를 하는 사람, 요즘에는 코인에 투자하는 사람들로 가득합니다. 그런데 소수의 사람의 제외하고는 재테크로 재미를 봤다는 사람이 없다는 것도 사실입니다.

재테크에 성공하는 사람과 실패하는 사람의 차이는 도대체 뭘까요?

사주명리를 미신으로 알고 있는 사람들이 많습니다. 그러나 사주명리는 점을 치는 것과는 엄연히 다릅니다. 동양철학을 바탕으로 사람의 인생행로를 알아보고자 하는 학문으로 접근해야 합니다. 내게 주어진 명은 어떤 모습이고 또 시간이 지나면서 내게 다가오는 운은 어떤 모습인가를 알아보는 기술이기도 하며 동시에 학문이기 때문입니다.

경제경영을 전공하고 주식시장에서 최고의 투자전문가 소리를 듣던 필자가 어느 날 갑자기 사주팔자를 들고 나와 재테크를 설명하고 나서니 의아하게 생각하는 사람들이 많을 겁니다.

하지만 저 또한 오랜 시간 주식시장에서 수많은 투자자를 보면서 정말 운명이란 것이 있지 않나 하는 궁금증을 가지게 되었습니다. 저를 포함해서 모두가 같은 궁금증을 가지고 있지만 그 원리를 알아보고자 공부를 시작하는 사람은 별로 없습니다. 그래서 공부하는 것을 직업으로 삼은 사람이 먼저 공부를 해서 그 원리를 같이 나누고 고민해보려고 쓴 책이 바로 《사주 재테크》입니다.

돈 버는 사람들은 "돈이 스스로 들어온다"고 말합니다. 그러나 돈을 벌지 못하는 사람들은 "돈을 따라다녀도 결코 손에 쥐질 못한다"고 말하죠. 이 말은 재물을 손에 쥔다는 것 자체가 인간의 노력보다는 운을 따라간다는 것을 말해줍니다. 즉, 돈을 벌 팔자와 돈을 벌지 못하는 팔자가 따로 있다는 겁니다. 재물운이 있는 사람과 재물운이 없는 사람으로 구분된다는 것이죠.

그럼 재물운이 좋은 사람은 평생 재물을 누리며 살고 또 재물운이 없는 사람은 평생을 가난하게 살아야 할까요? 반드시 그렇지도 않습니다. 재물운이 좋았던 사람이 한순간에 알거지가 되기도 하고 또 경제적으로 힘들게 살던 사람이 한순간에 큰 부자가 되기도 합니다. 바로 재물운에 변동이 생기는 시기를 만나 그 기회를 잘 살렸기 때문입니다. 재물이란 이렇게 자신의 운명과 함께 일어서기도 하고 또 넘어지기도 하는 겁니다.

재테크란 돈을 관리하는 기술을 말합니다. 즉, 무조건 돈을 많이 버는 것이 재테크가 아니란 겁니다. 내게 자금이 필요할 때 적절히 조달해서 쓸 수 있게 하는 것이 바로 재테크의 기본입니다. 하지만 그것조차도 실패하는 사람들이 즐비합니다.

이 책은 사주명리를 이용해서 자신의 재물운을 찾고, 재물운의 변동에 따라 어떤 재테크 전략을 세워야 하는지를 알려주는 책입니다. 즉, 재물운이 좋을 때는 공격적인 전략을 구사하고, 재물운이 좋지 않을 때는 보수적인 전략을 구사하면서 일생을 편안하게 살기 위한 지혜를 찾아가는 나침반 역할을 하는 책입니다.

사주팔자를 공부하는 이유는 "좋은 것은 추구하고 나쁜 것은 피하며, 자신의 운명을 알고 만족하는 삶을 살기 위함"입니다. 재물은 내 운이 좋을 때는 약이 되지만, 운이 좋지 않을 때는 독이 됩니다. 어느 날 갑자기 내게 큰돈이 들어온다면 그걸 좋아할 일이 아니라 내게 큰 우환이 들어왔다고 여기는 것이 좋습니다. 재물은 그 재물을 감당할 수 있는 상황에서만 내게 좋은 물건이 됩니다.

흥미로운 운명과 재테크의 세계가 우리 앞에 있습니다. 지금부터 사주팔자의 세상으로 같이 들어가 봅시다. 나에게는 재물운이 있는지, 나는 어느 정도의 재물을 담을 수 있는 그릇인지를 먼저 알아봅시다. 그릇이 크면 큰 대로 작으면 작은 대로 그 그릇에 재물을 가득 담아서 행복한 삶을 살아가는 겁니다. 바로 이것이 진정으로 행복한 재테크가 되는 겁니다.

공부 잘하는 자식이 반드시 효자라는 법도 없고, 큰 재물이 반드시 내게 행복을 주는 것도 아닙니다. 내게 주어진 명과 운을 통해 행복한 삶을 사는 지혜를 가져봅시다.

《사주 재테크》가 여러분을 행복한 재테크의 세계로 인도할 겁니다.

경영학 박사

강병욱

목차

1부

내 사주에 재물운이 있을까?

1장

사주팔자와 재테크 이야기

1

돈을 버는 팔자는 정해져 있다?

"사주팔자를 통해서 사람의 운명을 예측할 수 있을까?"

이 물음에 선뜻 답을 하는 것은 어렵지만 운명의 대체적인 방향은 예측가능하다는 것이 제 생각입니다. 사주팔자를 이용해서 사람의 운명을 예측하는 것은 중국, 일본, 그리고 우리나라에서는 아주 오래된 일입니다.

조선시대만 봐도 과거시험에 운명학을 평가하는 명과학命課學을 두었고 1등에게는 종8품의 벼슬을 내렸습니다. 사실이 이런 데도 불구하고 우리나라에서는 사주 해석을 무당의 굿이나 신점과 동일하게 미신이라고 생각하는 사람들이 많습니다. 그러나 사실 사주 해석은 동양철학에 기반을 두고 수천 년간 발전해온 학문으로 봐야 합니다.

사주를 미신과 동일시하는 것은 일제강점기를 지나면서 형성된 생각입니다. 일제는 어떻게든 우리나라 사람들을 열등하게 만들려고 동양철학마저도 미신으로 매도해버린 것이죠. 그렇다고 일본에 운명학이 없는 것도 아닙니다. 우리는 사주명리라고 하지만, 일본은 추명학推命學이라는 말을 쓰고 아베다이징阿部泰山이라는 인물은 한국과 중국에 비해 열등했던 일본 운명학의 수준을 높인 술사로 유명합니다.

우리 조상들은 자신의 사주를 통해 운명의 흐름을 알고자 했습니다. 글을 아는 선비들은 스스로 공부를 해서 자신의 운명을 읽었고, 글을 모르는 양민들은 사주쟁이라고 불리는 사람들을 통해서 자신의 운명을 들으려고 했습니다.

특히 왕조시대에는 자신의 선택에 따라 자신은 물론 집안의 명운이 갈리는 경우가 많았습니다. 벼슬길에 나가서 집안을 일으켜 세울 수도 있지만, 혹시 역적으로 몰리게 되면 3대 9족이 모조리 처형

당하는 멸문의 화를 당할 수 있기 때문에 자신의 운명을 예단해보는 것은 매우 중요했습니다.

예를 들어 임금으로부터 조정에 출사를 하라는 명을 받았다고 해봅시다. 이때 자신의 사주를 통해 운을 따져보게 됩니다. 좋은 운이면 출세를 위해 기꺼이 출사를 합니다. 그런데 아무리 봐도 자신의 운이 좋지 않게 흐를 때는 조정에 출사하러 가는 척 하다가 말에서 떨어져 스스로 부상을 당한 뒤 병을 핑계로 출사를 하지 않는 경우도 많았습니다.

이런 사례들을 통해 과거 우리 조상들의 사주 해석에 대한 견해를 알 수 있습니다. 그들은 자신의 대체적인 운명이나 시간에 따라 달라지는 운의 흐름이 정해져 있다고 믿었던 것이죠.

하지만 우리는 자신의 삶을 스스로 개척할 수 있다고 믿으며 성공을 위해 밤을 새워 노력하기도 합니다. 언론에서는 '개천에서 용 났다'는 말이나 '불굴의 의지로 삶을 개척했다'는 말로 성공한 사람들을 소개하기도 하죠.

그러나 성공을 위해 밤새워 노력한 사람들이 모두 목표를 달성하는 것은 아닙니다. 즉, 성공할 수 있는 팔자를 타고난 사람은 성공에 이를 가능성이 크지만, 성공할 팔자를 타고나지 못한 사람은 실제로 성공에 이를 가능성이 낮다는 겁니다. 그렇다고 해서 사주팔자에 성공할 운이 있으니 노력을 하지 않아도 된다거나, 사주팔자에 성공할 운이 없으니 미리 포기하는 것이 옳다는 의미는 아닙니다. 사주를 해석하는 사람들이 오묘한 팔자풀이를 족집게처럼 콕 집어서 해석할 수 있는 것은 아니기 때문입니다. 물론 세간에는 임산부 뱃속에 있는 태아의 성별까지 감별가능한 사람이 있다는 등의 소문이 있지만, 대부분은 대체적인 운의 행로 정도를 해석할 수 있다고 보시면 됩니다.

바다에는 바닷물의 흐름이 있고 하늘에도 바람의 흐름이 있습니다. 그 흐름을 잘 타면 배나 비행기가 더 빠르고 쉽게 목적지에 갈 수 있듯이, 우리도 운의 흐름을 잘 읽고 활용한다면 비교적 쉽게 그리고 더 나은 삶을 향해 갈 수 있습니다. 이런 점에서 본다면 사주에 돈을 벌 운이 있느냐 없느냐 보다는 주어진 운의 흐름에 맞춰 어떻게 재테크를 할 것인가와 같은 맥락으로 사주팔자를 이야기해야 합니다.

부자는 하늘이 내린다는 말이 있습니다. 여기서 부자는 큰 부자를 말하는 것이지만 실제로도 사주에는 재물운이 있는 사람과 없는 사람이 있습니다. 일반적으로 사주에서 재물운은 재성財星이 있느냐 없느냐를 통해서 알아볼 수 있습니다. 사주팔자에 재성이 있다면 일단 돈을 벌 수 있는 가능성이 높다고 봅니다. 문제는 재성이 있다고 해서 모두가 돈을 버는 것은 아니라는 데 있습니다.

반대로 사주에 재성이 약한 사람은 큰 재물을 얻을 가능성이 낮습니다. 그러나 마찬가지로 재성이 없다고 해서 재물을 모으지 못하는 것은 아닙니다. 일반적으로 그렇다는 말입니다. 왜냐하면 사주팔자 여덟 글자가 글자들 간에 서로 합合하거나 충沖하기도 하고 또 시간이 지나면서 운의 움직임이 천변만화千變萬化하기 때문입니다.

앞으로도 계속 이야기가 전개되겠지만, 일단 일반론을 정하고 시작하는 것이 좋겠습니다.

① 사주팔자에 재물운이 있으면 일단 크든 작든 돈이 들어올 가능성이 높다.
② 사주팔자에 재물운이 없으면 일단 재물로 크게 성공하기는 어렵다.
③ 사주팔자에 재물운이 있더라도 그 운을 견뎌낼 수 있을 때 내 돈이 된다.
④ 사주팔자에 재물운이 없더라도 시간이 흐르는 과정에서 재물운

이 오면 그때는 재물을 모을 수 있다.

⑤ 사주팔자에 재물이 없는 사람은 실제로 재물이 없는 경우가 많지만, 반대로 무한대의 재물을 모을 수 있다는 점도 기억해야 한다. 다만, 재물에 대한 갈증이 심해서 실수하기 쉽다.

물론 사주 해석에는 이외에도 더 많은 원칙이 있지만 원칙이 너무 많아지면 사주팔자에 따라 재테크 하는 것이 복잡해지니 앞으로는 위에서 정한 간단한 원칙을 통해서 연습을 해보도록 하겠습니다.

2

꼭 돈을 많이 벌어야 재테크일까?

재테크라고 하면 사람들의 머릿속에는 '큰돈을 버는 것'이라는 생각이 박혀 있습니다. 우리는 다른 나라에서는 찾아보기 힘들 정도로 빠른 산업화를 이루었고 그 과정에서 부동산이나 주식이 급격히 오르는 모습을 봤기 때문입니다.

안타까운 일이지만, 그래서인지 우리는 사람의 인격이나 품위, 행복의 척도를 재산의 크기로 측정하고 있습니다. 돈이 많으면 행복하고 또 사회적 지위가 높으며, 돈이 없으면 불행하고 비루하다고 판단하는 세태인 것이죠. 그러나 이 또한 그저 지나가는 하나의 현상일 뿐입니다.

재테크는 재무 테크놀로지를 줄여 부르는 말입니다. 말 그대로 자산을 관리하는 기술이죠. 자산을 관리하는 기술에는 재산증식은 물론이고 자신의 재산을 잘 지키고 세금을 아끼는 전략 등이 모두 포함됩니다. 즉, 돈을 많이 버는 것만이 재테크가 아니라는 뜻입니다. 이 점을 바로 알아야 재테크를 제대로 할 수 있습니다.

매번 강의 시간에 수강생들에게 이런 질문을 던져봅니다.

"만약 100조 원이 생긴다면, 어떻게 재테크를 하겠습니까?"

여러분도 책을 살짝 덮고 답해보시기 바랍니다. 과연 내게 100조 원의 재산이 생긴다면 나는 재테크를 위해서 뭘 해야 할까요?

답을 생각해보셨나요? 제가 제시하는 답은 바로 "세상 누구도 내가 100조 원을 가지고 있다는 사실을 모르게 해야 한다"입니다. 무슨 봉창 두드리는 소리냐고 반문할 수도 있겠습니다만, 우리가 해야 할 재테크 중 첫 번째는 아무도 내 재산의 규모를 모르게 행동하는 겁니다.

100조 원을 가진 사람이 주식투자를 하면 계좌내역이 모두 신고됩니다. 이 많은 돈을 은행예금으로 넣어두더라도 금융당국에 재산규모를 파악 당하게 됩니다. 그러면 안 내도 될 세금을 낼 수밖에 없는 상황이 오는 거죠. 그래서 슈퍼리치, 즉 큰 부자들은 채권 중에서도 주인을 알 수 없는 무기명채권을 선호하는 겁니다. 이런 점에서 본다면 투자를 해서 돈을 좀 벌었다고 소문내는 사람은 그야말로 '조막손'에 지나지 않습니다.

농담 삼아 한 이야기지만, 여기서 우리가 반드시 알아야 할 한 가지는 재테크는 결코 일확천금을 얻는 기술이 아니라는 겁니다. 만약 그런 기술을 아는 사람이 있다면 그는 결코 누구에게도 그 사실을 알려주지 않을 겁니다.

재테크는 자신의 상황에 맞는 재무상태를 유지하는 기술입니다. 예금을 잘하는 것도 재테크이고, 부동산에 적절히 잘 투자하는 것도 재테크이며, 빚을 잘 얻는 것도 재테크가 될 수 있습니다. 또 빚을 잘 갚는 것도 재테크가 될 수 있죠. 제일 큰 문제는 자신에게 맞지 않는 방법으로 무리한 재테크를 하는 것입니다.

예를 들어 은퇴를 하고 연금으로 빠듯하게 생활하는 사람이 있다고 해봅시다. 이 사람에게 알맞은 재테크는 아끼고 저축하는 겁니다. 그런데 이런 사람이 한바탕 크게 벌어보겠다고 주식투자에 나섰다고 해봅시다. 물론 성공한다면 더할 나위 없이 좋은 일이지만, 만약 실패한다면 생활고를 벗어나기 어려울 것입니다.

그런데 불행하게도 주식투자는 확률적으로 돈을 벌기 어려운 구조를 가지고 있습니다. 간단하게 생각해도 주가는 오르거나 내리고 또 가만히 있기 때문에 실제로 돈을 벌 확률은 3분의 1밖에 되지 않습니다. 나머지 3분의 2는 손실을 보게 되죠(주가가 제자리여도 주식 거래비용은 발생합니다). 결국 주식투자는 장기적으로는 손해를 보는 게임입니다.

여기서 또 한 가지 알 수 있는 것은 재테크는 확률 높은 게임을 해야 한다는 겁니다. 주식투자로 세계 제일의 부자가 된 워런 버핏은 자신이 잘 모르는 곳에는 절대로 투자하지 않는다는 원칙을 세우고 한 번도 그 원칙을 어긴 적이 없습니다. 하지만 우리나라 주식투자자들은 본인이 투자하는 회사에 대해 얼마나 알까요? 그 회사가 무엇을 만들고, 어떻게 팔고, 얼마나 돈을 버는지조차도 모르는 투자자들이 너무 많습니다. 그걸 모르면 높은 확률로 돈을 잃게 될 것입니다. 잘 모르겠을 때는 주식투자보다는 이자를 꾸준히 받는 채권이나 은행에 돈을 묻어두는 것이 더 나을 수 있습니다.

"나는 주식투자를 하고 싶은데 왜 사주를 들먹이면서 주식을 못 하게 하는 거야?"라고 할 사람이 분명 있을 겁니다. 제가 이 책을 쓰면서 걱정한 것도 이겁니다. '사주에 부동산이나 주식에 투자해서는 안 된다고 나오면 사람들이 화를 내거나 실망하지 않을까?'

하지만 이 두 가지를 명심하시길 바랍니다. 가장 어려운 것이 남의 돈 벌기고, 재테크의 기본은 원금을 지키는 것입니다.

재테크에 대해서도 몇 가지 원칙을 정하고 시작하도록 하겠습니다.

① 떼돈을 버는 것만이 재테크는 아니다. 게다가 큰돈을 벌 확률은 대단히 낮다.

② 재테크는 자신의 상황에 맞게 해야 한다. 무리한 투자는 화를 불러온다.

③ 돈을 잃지 않는 것이 재테크의 첫 번째 목표다. 저축을 기본으로 한다.

④ 위험이 큰 투자는 관리가능한 범위 내에서만 한다. 몰빵 투자를 자제한다.

⑤ 남의 말에 흔들리지 않는다. 내 원칙을 세우고 그 원칙을 지킨다.

비슷한 경험을 했던 분들도 있을 텐데요. 제가 어렸을 때 고속버스를 타고 지방을 가는데 휴게소에서 어떤 사람들이 타더니 행운번호를 나눠주고 추첨을 하더군요. 혹시 당첨이 되지 않을까 조마조마하면서 결과를 기다렸는데 마침 제가 당첨이 된 겁니다. 얼마나 기쁘던지요. 전 그 덕분에 카메라 한 대를 아주 싸게 살 수 있었습니다. 그런데 이게 뭡니까? 집에 와서 보니 내가 산 카메라는 장난감 카메라였습니다.

내가 간절히 바란다고 해서 오답이 정답이 되는 것은 아닙니다. 재테크도 마찬가지입니다. 내가 간절히 바라는 목표가 재테크의 정도正道가 아닐 수 있다는 것을 알아야 합니다.

3

명리학으로 재테크의 성공을 알 수 있을까?

사람들이 가장 궁금해하는 것은 바로 자기 자신의 미래입니다. 골치 아픈 세상의 일상사보다는 미래에 나는 돈을 많이 벌 수 있을지, 출세를 할 수 있을지, 결혼은 언제쯤 할지 등과 같은 자신의 미래에 관심이 더 많은 게 당연합니다.

특히 출세와 재물은 예나 지금이나 변함없이 인류 최대의 관심사입니다. 사람들은 본능적으로 출세를 지향하고 부자가 되고 싶어 하죠. 모든 일은 의지에 달렸다고 생각하는 사람들은 출세와 재물 또

한 의지에 달렸다고 믿을 것입니다. 그래서 이들은 자신이 세운 목표를 달성하기 위해 노력하고 또 노력합니다.

물론 노력 없이 이룰 수 있는 일은 세상에 없습니다. 그저 입만 벌리고 있는데 저절로 그 입속으로 떡이 떨어지는 것은 우주적 확률에 불과할 겁니다. 그래서 사람들은 스스로의 운명을 개척해 나갈 수 있다고 믿고 운명을 개척하기 위해 노력을 합니다.

그러나 아쉽게도 사람이 아무리 노력해도 되지 않는 일이 있다는 것 또한 분명한 사실입니다. 죽도록 노력해도 아무런 결실을 맺지 못하는 일이 생각보다 많은 것을 보면, 노력이 곧 결과로 이어지는 것이 아님을 알 수 있습니다.

최근 〈MIT테크놀로지리뷰〉에는 놀라운 연구결과가 하나 실렸습니다. 똑똑한 사람이 부자가 되지 못한 이유를 '운이 없어서'라고 한 것입니다.

이탈리아 카타니아대학의 알렉산드로 플루치노 교수 연구진은 인간의 재능과 노력을 삶의 기회에 활용하는 방식을 컴퓨터 모델로 만들고, 이 모델로 삶에서 운의 역할을 연구했습니다. 연구진이 컴퓨터 모델로 시뮬레이션 한 결과 가장 부유한 사람들은 (일정 수준의 재능은 있었지만) 가장 재능이 있는 사람이 아니었습니다. 놀랍게도 가장 부유한 사람들은 가장 운이 좋은 사람이었습니다.

이유는 생각보다 간단했습니다. 재능과 노력은 차이가 있지만 큰 차이를 보이지 않습니다. IQ의 경우 남들보다 뛰어난 경우가 있어도 몇십 몇백 배 차이가 나는 경우는 없습니다. 노력도 마찬가지죠. 많은 시간의 노력을 들인다고 해도 노력하는 시간에는 한계가 있습니다. 하지만 부의 차이는 어떤가요? 수십 아니 수천 배의 차이가 나는 것이 현실입니다.

연구진은 약간의 재능과 노력을 겸비한 사람이 인간의 수명인 몇십 년 동안 성공과 실패를 반복하면 현실의 부의 분포처럼 부의 축적이 차이를 보인다고 합니다.

소수의 사람이 엄청난 부를 축적하는 이유는 성공과 실패를 거듭하는 동안 얼마나 많이 성공하고 실패하느냐에 좌우되었던 것입니다. 결국 재능과 노력보다는 운이 부의 축적을 결정한 것입니다.

'모사재인謀事在人 성사재천成事在天' 일을 꾸미는 것은 사람의 일이고, 그 일을 이루는 것은 하늘의 뜻이라는 말입니다. 우리는 이를 곰곰이 곱씹어볼 필요가 있습니다.

고대 중국 후한後漢의 사상가인 왕충王充(27~104)이 쓴 〈논형論衡〉 중 봉우편逢遇篇(우연히 기회를 만나다)에 나온 이야기를 통해 사람의 노력이 있어도 운, 즉 때를 만나지 못하면 그 뜻을 이룰 수 없다는 것을 이야기한 부분이 있습니다.

옛날 주周나라 사람이 여러 차례 벼슬길에 나갔지만 때를 만나지 못한 채 나이가 들어 늙고 백발이 되어 길에서 울고 있었다. 그래서 길 가던 사람이 그 이유를 물었다. "왜? 그렇게 서럽게 울고 있습니까?" 이에 그 노인은 "내가 여러 차례 벼슬길에 나가려고 했지만 때를 만나지 못하고 늙어 시기를 놓친 것에 절로 상심하여 울고 있소이다"라고 대답했다. 그래서 길 가던 사람이 다시 "무엇 때문에 한 번도 때를 만나지 못했나요?"라고 묻자 그 노인이 답했다. "내가 젊을 때에는 문장文章에 뜻을 두었고 문장을 공부해서 벼슬을 하려고 했지만 당시 왕은 나이 들고 경험 많은 사람을 등용하길 좋아했지요. 그런데 경험 많고 연로한 사람들을 등용하길 좋아하던 왕이 죽자 다음 왕은 무예를 잘하는 사람을 찾아 등용했답니다. 그래서 나는 다시 무예를 공부하고 무예를 갖춘 다음 다시 벼슬길에 나가려고 했는데 그때 또 그 왕이 죽고 말았습니다. 그리고 그 뒤를 이어 젊은 왕이 즉위하면서 젊고 유능한 사람을 등용하고 싶어 했는데 나는 이미 늙어버렸으니 이 때문에 단 한 번도 벼슬길에 오르지 못했답니다."

이어 왕충이 책에 쓰기를 "벼슬길에 나아가는 것은 때가 있으니 노력만으로 되는 것은 아니다. 좋은 세상에 훌륭한 군주라도 그 뜻을 이룰 수 없는 경우가 많은데, 하물며 절개가 높고, 뜻이 높으며, 사사로운 이익에 동요하지 않고, 본성이 반듯하며, 기질마저 올바른데도 군주에 주목받지 못하는 사람은 더 말해 무엇 하겠는가? 때를 만나는 것은 이미 능력이 갖추어졌기 때문도 아니고, 훌륭한 논리를 갖추었기 때문도 아니라, 좋은 기회를 만나 때마침 군주의 뜻과 부합되었기 때문이다."

사실 왕충의 이 글은 제대로 때를 만나지 못하고 늙어버린 자신의 얘기를 하는 것인지도 모릅니다. 나는 계획을 세우고 노력했지만 결국 그 때를 만나지 못해 능력을 발휘하지 못했다는 겁니다.

우리가 알고 있는 강태공의 얘기도 그렇습니다. 강태공은 세월을 낚는 낚시로 유명합니다. 어느 날 주나라 문왕이 길을 가다 보니 백발의 노인이 낚시를 하고 있는데 가만히 보니 낚시에 바늘이 없는 것이었습니다. 그래서 그 이유를 물었더니 자신의 능력을 알아봐 줄 주인을 기다리고 있다는 겁니다. 그때 강태공의 나이는 이미 칠순을 훌쩍 넘긴 때였습니다. 그나마 강태공은 죽기 전에 자신의 능력을 알아주는 주인을 만났고, 그의 아들 무왕을 도와 천하를 평정한 후 지금의 중국 산동성을 기반으로 하는 제나라의 군주가 되었던 겁니다.

삶에서 때를 만나고 못 만나고의 차이가 자신의 원하는 성공을 하느냐 못 하느냐를 판가름한다는 예가 될 수 있는 이야기들입니다.

우리 인생의 모든 미래가 이미 결정되어 있다고 생각하면 답답하기 그지없을 겁니다. 특히 불세출의 과학자 뉴튼의 역학처럼 모든 것이 기계적으로 맞추어져 있다고 한다면 인생을 살면서 노력이란 것이 무색하겠죠. 노력하지 않아도 될 일은 될 테니 그냥 놀기만 할 것입니다. 그래서 사람들은 종종 자유의지의 중요성을 강조합니다. 자유의지란 자신의 삶은 자신이 개척해나갈 수 있다는 굳은 믿음에서 시작됩니다. 자유의지로 미래를 개척할 수 있다는 주장은 수많은 자기계발서에서 찾을 수 있습니다.

그러나 앞서 살펴본 바와 같이 자유의지만으로 또 노력만으로는 되지 않는 일이 너무도 많기에 운명은 분명 존재하지만 자신의 노력으로 어느 정도 운을 밝힐 수는 있다고 보는 사람들이 있습니다. 이런 경우를 기계적인 완전한 결정론에 비해 '약한 결정론'이라고 합니다.

이 책을 쓰는 필자도 약한 결정론을 믿고 있습니다. 명리학을 통해서 자신의 재물운을 읽는다면 재테크의 성공과 실패를 어느 정도

예측하고 더 나은 재테크를 할 수 있다고 봅니다. 앞서 이야기한 바와 같이 재테크가 무조건 돈을 버는 것이 아니라면 재물운이 좋을 때는 좀 더 공격적인 투자로 수익을 얻고, 재물운이 나쁠 때는 좀 더 보수적인 방법으로 손해를 막는 겁니다.

명리학적으로 볼 때 재물과 출세는 내 기운을 빼앗거나 내 몸을 상하게 하는 일들입니다. 돈을 벌기 위해서는 일찍 일어나서 밖으로 나가 힘을 쏟아야 합니다. 즉, 돈은 내 힘을 빼앗아갑니다. 또 출세를 하기 위해서는 조직에 얽매여 일을 해야 합니다. 그러다 보니 몸이 상하는 경우가 많습니다. 돈을 벌다가 또는 직장에서 일을 하다가 건강을 잃거나 심하게는 목숨을 잃는 경우도 생기게 됩니다.

그래서 재물이나 명예를 얻기 위해서는 내 사주가 재물과 출세를 견딜 수 있는 힘이 있어야 합니다. 만약 내가 재물을 견딜 수 있는 상황이면 적극적으로 투자할 수 있습니다. 그러나 내가 재물을 견디지 못하는 상황이면 절대 적극적으로 나서서는 안 됩니다. 이때 돈이 벌리면 자신 또는 배우자에게 화가 미칠 수 있기 때문입니다.

제가 사주풀이를 해준 어떤 사람은 재물이 들어오면 견디지 못하는 상황에 큰돈을 벌었는데, 얼마 되지 않아 그 사람의 처가 뇌졸중으로 쓰러진 경우도 있습니다. 돈은 스스로 관리가 가능할 때 유용한 것이지 그렇지 못할 때는 오히려 나를 망치게 만드는 것임을 잊어서는 안 됩니다.

실전연구
모바일 만세력 사용법

사주를 세우기 위해서는 사주정보(생년, 생월, 생일, 생시)와 만세력이 필요합니다. 최근에는 PC나 모바일에서도 사용할 수 있는 만세력 프로그램이 많이 출시되었는데요. 이 책에서는 원광디지털대학에서 만든 원광만세력을 사용하도록 하겠습니다.

먼저 모바일스토어에서 원광만세력을 검색해서 다운 받으세요. 클릭 후 실행하면 다음과 같은 화면이 나타납니다.

화면 좌측 중단의 만세력을 누르면 오른쪽과 같은 화면이 뜹니다. 여기에 이름과 성별, 양력과 음력을 구분해 생년, 생월, 생일, 생시를 입력하고 하단의 조회하기를 누르면 사주명식을 얻을 수 있습니다. 이 외에도 10년을 주기로 변화하는 대운과 일진이라는 해당하는 날의 60갑자 정보도 함께 확인할 수 있습니다.

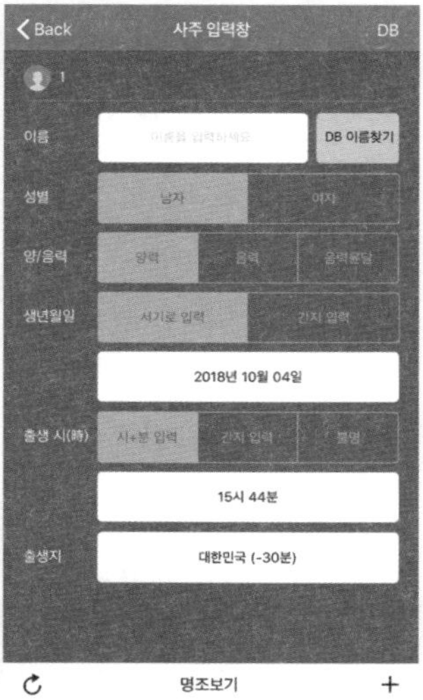

예를 들어 워런 버핏의 사주명식을 만들어보겠습니다. 워런 버핏은 (양) 1930년 8월 30일 오후 2시에 태어났습니다. 이 정보를 하나씩 입력한 후 조회하기를 누르면 다음과 같은 화면을 얻을 수 있습니다.

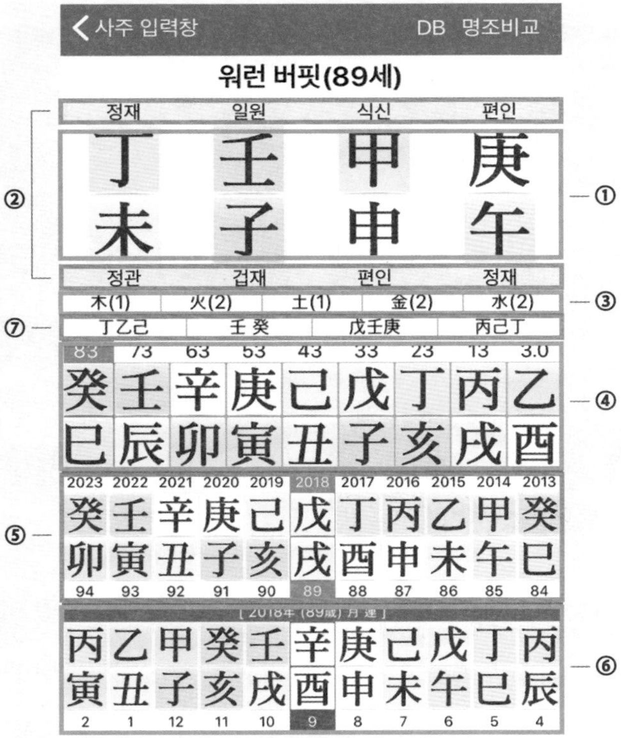
사주 입력창
DB 명조비교
워런 버핏(89세)
정재 일원 식신 편인
丁 壬 甲 庚
未 子 申 午
정관 겁재 편인 정재
木(1) 火(2) 土(1) 金(2) 水(2)
丁乙己 壬 癸 戊壬庚 丙己丁
83 73 63 53 43 33 23 13 3.0
癸 壬 辛 庚 己 戊 丁 丙 乙
巳 辰 卯 寅 丑 子 亥 戌 酉
2023 2022 2021 2020 2019 2018 2017 2016 2015 2014 2013
癸 壬 辛 庚 己 戊 丁 丙 乙 甲 癸
卯 寅 丑 子 亥 戌 酉 申 未 午 巳
94 93 92 91 90 89 88 87 86 85 84
丙 乙 甲 癸 壬 辛 庚 己 戊 丁 丙
寅 丑 子 亥 戌 酉 申 未 午 巳 辰
2 1 12 11 10 9 8 7 6 5 4
①
②
③
④
⑤
⑥
⑦

그럼 워런 버핏의 만세력을 통해 만세력의 구성요소를 간단히 살펴보도록 하겠습니다.

사주팔자(①)는 말 그대로 네 개의 기둥과 여덟 개의 글자입니다. 네 개의 기둥인 사주는 그림 중 ①의 세로 방향 네 칸을 의미합니다. 각각의 기둥은 오른쪽부터 연주, 월주, 일주, 시주라고 부릅니다. 팔자는 천간과 지지로 이루어지는데, 천간은 윗줄에 위치한 네 글자이고 지지는 아랫줄에 위치한 네 글자입니다.

천간 위와 지지 아래(②)에 보이는 정재, 일원, 식신, 편인 등의 글자는 십신이라고 하는데 나를 대표하는 글자인 일원과의 관계를 나타냅니다. 일원은 일주 천간에 표시되기 때문에 일간이라고도 부릅니다. 일원은 나를 대표하는 글자인 만큼 반드시 기억하셔야 합니다. 십신의 의미는 뒤에서 자세히 설명하겠습니다.

사주팔자 바로 아래 한자(③)로 표시되는 木(목), 火(화), 土(토), 金(금), 水(수)는 사주팔자를 오행으로 분류한 것입니다. 괄호 안의 숫자는 해당 오행이 사주팔자에 몇 개가 있는지 알려줍니다. 오행은 팔자의 바탕 색깔로 구분할 수 있는데, 목은 초록색, 화는 붉은색, 토는 황토색, 금은 하얀색, 수는 검은색 바탕으로 표시합니다.

대운(④)은 10년마다 흐름이 변화합니다. 대운 위에 표시되는 3.0, 13, 23과 같은 숫자는 3세, 13세, 23세를 기준으로 대운이 바뀐다는 뜻입니다. 그 아래로는 매년 바뀌는 세운(⑤)과 매월 바뀌는 월운(⑥)이 표시됩니다.

지장간(⑦)은 지지 속에 감추어져 있는 천간의 기운을 말합니다. 하지만 지장간을 활용하는 사주 해석은 너무 복잡할 뿐만 아니라 최근에는 사용하지 않는 경우가 많기 때문에 이 책에서는 다루지 않도록 하겠습니다.

지금까지 만세력의 구성요소를 간단히 알아봤습니다. 모르는 것도 궁금한 것도 많으시겠지만, 우선 여기서는 사주팔자에서 가장 중요한 글자인 일원만 기억해두시면 됩니다. 나머지 구성요소는 앞으로 찬찬히 설명을 하겠으니 그에 맞춰 따라와 주시기 바랍니다.

2장

내 사주에 재물운이 있을까?

1

만세력으로 내 사주 들여다보기

사람들이 명리학에 관심을 갖는 이유는 서로 다릅니다. 그러나 대체로 뭔가 일이 잘 풀리지 않을 때 명리학을 들여다보게 됩니다. 일이 잘 풀리고 있을 때는 미래가 궁금하지 않은 것이 인간의 속성입니다.

제게는 딸 둘에 아들 하나가 있습니다. 아이들이 모두 세 살터울이라 졸업도 같이하고 입학도 같이합니다. 큰아이가 대학을 다니면서 국가자격시험을 볼 때 둘째는 대학시험을 앞두고 있었고 또 막내는 고등학교 진학을 앞두고 있었습니다.

당연히 부모로서 아이들의 미래가 궁금했습니다. 그래서 아내에게 친구들과 신년운세를 보러 가면 꼭 아이들의 합격여부를 물어보라고 부탁을 했습니다. 그런데 그 결과는 세 아이 모두 시험운이 약하다는 겁니다. 특히 큰아이의 시험운이 별로라 합격이 힘들겠다는 이야기를 들었습니다. 당연히 기분이 좋지 않았습니다. 직접 두어군데 더 가서 물어봐도 역시 시험운이 약하다는 답을 들었습니다. 그러니 내 스스로가 궁금한 점이 생겼습니다. 도대체 이 사람들이 뭘 보고 시험운이 좋다 나쁘다를 말해주는지 그 원리가 알고 싶어졌던 겁니다.

그때부터 명리학 서적을 사서 공부를 시작했습니다. 내가 직접 아이들의 사주풀이를 해봤더니 세 아이 모두 시험운이 있었습니다. 분명히 합격할 운이 있다고 봤습니다. 결국 세 아이 모두 자신이 원하는 결과를 얻었습니다.

이런 과정을 통해 내 사주는 내가 풀 수 있어야 한다는 생각을 하게 되었습니다. 그래서 전문적인 교육을 받기 위해 명리를 공부할 수 있는 대학에 편입하게 된 겁니다.

명리를 처음 공부하는 학생들에게 선배학자들은 다른 사람의 사주를 봐줄 생각을 버리고 자신의 사주를 한 1년 정도 들여다봐야 한다고 조언합니다. 자기 삶은 자신이 제일 잘 알기 때문에 자기 사주를 들여다보면서 여러 가지 연습을 해야 한다는 것이죠.

타당한 말입니다. 자기 자신의 사주풀이도 못하는 사람이 다른 사람의 사주를 봐준다는 것은 논리적으로 맞지 않는 일입니다. 여러분들도 명리를 공부하고자 한다면 다른 사람 사주에 신경 쓰지 말고 본인의 사주를 하루에 한 번씩 들여다보면서 사주 해석의 원리를 배워나가야 합니다.

경영학자로 주식을 연구하고 또 강의하던 사람이 갑자기 명리학을 들고 나와서 "사주팔자에 따라 재테크를 달리해야 한다"고 떠들고 다니면 아마도 많은 사람이 이상하게 생각할 겁니다. 그러나 모든 학문은 마음을 열고 탐색해야 합니다. 아직은 완성되지 않은 이론이지만 더욱 정진하면 의외로 좋은 결과를 얻을 수 있다고 믿습니다. 얼마나 열심히 하느냐가 관건이 될 겁니다.

그럼 만세력 프로그램을 통해서 본인의 사주명식을 알아보시기 바랍니다. 여기서는 내 사주를 공개해서 여러분과 함께 공부해보도록 하겠습니다. 사주를 함부로 공개해도 되냐고 묻는 사람이 있는데, 공개해도 됩니다. 그걸 공개한다고 해서 제 삶이 달라지지 않기 때문입니다.

비견	일원	편관	식신
壬	壬	戊	甲
寅	寅	辰	辰
식신	식신	편관	편관

木(3)	火(0)	土(3)	金(0)	水(2)

戊丙甲	戊丙甲	乙癸戊	乙癸戊

84	74	64	54	44	34	24	14	4.0
丁	丙	乙	甲	癸	壬	辛	庚	己
丑	子	亥	戌	酉	申	未	午	巳

사주팔자 여덟 글자 중에서 가장 중요한 것은 나를 대표하는 글자인 일원입니다. 내 사주에서 일원의 위치에 있는 글자는 임壬입니다. 그리고 수水를 나타내는 바탕색을 하고 있습니다.

내 사주에서는 임수壬水가 나를 나타내주는 글자입니다. 즉, 큰 호수와 같은 성질을 갖는 것이 바로 나입니다. 사주명식은 오행으로 구성되는데 만세력에서는 색깔로 오행을 구분해줍니다. 목木은 초록색, 화火는 붉은색, 토土는 황토색, 금金은 흰색, 수水는 검은색으로 표시합니다. 각각의 오행을 상징하는 색을 부르는 말이 오방색입니다.

제 사주는 목화토금수木火土金水 오행 중에 수, 목, 토 세 개의 오행만 있습니다. 그리고 돈을 의미하는 재성財星인 정재와 편재라는 글자가 없습니다. 내 사주에서 재물은 오행상으로 보면 붉은색 화火 기운입니다. 그런데 그게 눈을 씻고 봐도 없습니다. 하지만 명예를 의미하는 관성官星은 있습니다. 바로 정관, 편관입니다. 내 사주에서 관성은 황색 토土기운입니다.

재물과 출세로 본다면 재물은 없고, 명예는 어느 정도 얻을 수 있는 사주입니다. 재성이 없다고 해서 거지처럼 사는 것은 아닙니다. 나중에 다시 자세히 설명하겠지만 식신食神이 셋이나 있는데, 굶어 죽지 않을 만큼의 먹을 복은 있다는 겁니다.

지금까지 제 사주를 간단히 살펴봤는데요. 사주원국을 처음 접하는 분들은 제가 하는 말들이 무슨 뜻인지 도저히 이해 못 하실 수 있습니다. 당연합니다. 우리는 아직 사주 공부를 시작도 안 했기 때문입니다. 앞으로 차근차근 책을 읽으시면 됩니다. 아무리 한국인의 성격이 급하다고 해도 바로 사주를 볼 수는 없습니다.

어느 책에서 본 글 중 다음과 같은 내용이 있었습니다.

정말 신앙심이 깊은 사람이 급하게 돈이 필요하게 됐습니다. 그래서 기도를 열심히 했습니다. "하느님, 지금까지 하느님의 뜻대로 봉사활동도 잘하고 정말 열심히 살았습니다. 지금 돈이 너무 필요합니다. 로또에 당첨될 수 있게 해주세요"라고 말입니다.

매일 같은 기도를 정말 간절하게 했습니다. 그런데 돈이 생기지 않는 겁니다. 해서 "나는 정말 하느님 뜻대로 살았다고 생각했는데, 왜 내가 원하는 일이 생기지 않는 거죠?"라고 원망의 기도를 했습니다. 그랬더니 하느님의 응답이 있었습니다. "얘야, 로또를 사야 당첨을 시켜주든지 하지…."

이 글을 읽고 깨달은 게 하나 있습니다.

'맞아, 로또를 사야 당첨이 되는지 말든지 하지!'

그래서 매주 5천 원씩 로또를 샀습니다. 하지만 명리학을 공부하고 내 사주를 알게 된 다음부터는 로또를 사지 않습니다. 내 사주에는 재물운이 없기 때문입니다. 이럴 때 만약 로또에 당첨이 되면 자칫 패가망신을 하든지 집안에 우환이 들 수 있습니다. 남들은 돈을 벌어 좋겠다고 할지 몰라도 그 재물을 제대로 받아들일 수 있는 상태가 아니라면 오히려 독이 된다는 것을 명리학을 통해 알게 된 겁니다.

다음 신문기사를 읽어보시기 바랍니다.

'로또 1등? 당첨이 다가 아니다'
파산 확률로 본 로또의 위험성 전격공개

약 814만분의 1 확률을 뚫고 로또 1등에 당첨된 사람들의 스펙이 공개됐다. 나눔로또가 지난해 로또 1등 당첨자 161명을 대상으로 설문을 실시한 결과 1등 당첨자의 평균 스펙은 서울·경기 지역에 84㎡(30평형대) 이하 자가 아파트를 소유하고 있으며 월평균 소득 300만 원 미만, 행정·사무직 종사, 대학교 졸업 학력의 40대 기혼 남성이 가장 많은 것으로 조사됐다.

그러나 로또 1등만이 해답은 아니었다. 로또 1등은 벼락을 두 번 맞을 확률보다 낮다고들 하지만, 파산 확률은 매우 높은 것으로 나타났다.

미국 뉴욕대 로스쿨 조사에 의하면 1등 당첨자의 파산 확률은 3분의 1에 이른다. UC버클리의 심리학자 캐머런 앤더슨 교수는 갑자기 불어난 재산으로 인한 행복감이 고작 9개월이라고 지적했다. 로또 1등에 당첨되면 영원히 행복을 누릴 것으로 예상들 하지만, 실제 삶은 그렇지 않다는 얘기다.

연구결과에 따르면 불어난 재산보다 주위의 존경과 인정 등 사회측정 지위가 행복에 더 큰 영향을 주는 것으로 나타났다. 로또 1등의 행복은 오래가지 않으며 파산 확률도 꽤 높아 로또 당첨은 어찌 보면 그리 부러운 얘기만은 아닐 수 있다. 로또라는 한탕주의를 노리는 것보다 차근차근 돈을 모아 적절한 행복을 누리는 것이 인생을 현명하게 사는 것일 수 있다.

이데일리 2014/09/06

기사를 읽고 로또에 당첨되면 모두가 위험해진다고 생각하면 안 됩니다. 미국의 연구결과를 보더라도 로또 1등 당첨자의 3분의 1은 파산을 해도, 나머지 3분의 2는 행복하게 잘살고 있습니다. 부정적인 면을 부각시키면 크게 위험한 것처럼 보이지만 그 이면에는 아무런 탈 없이 잘사는 사람이 더 많다는 점을 알 수 있습니다.

여기서 우리가 알아야 하는 것은 첫째, 똑같이 재테크를 해도 누구나 돈을 벌 수 있는 것은 아닙니다. 돈을 벌 수 있는 운명을 타고난 사람은 돈을 벌 수 있지만, 돈을 벌 수 있는 운명을 타고나지 못한 사람은 큰돈을 벌기 힘들다는 겁니다.

둘째, 돈을 벌 수 있는 운명을 타고나지 못한 사람이 우연히 큰돈을 벌게 되면 행운이 변해서 삶을 파괴시키는 파산의 길로 갈 수 있습니다. 즉, 나에게 없는 운이 오면 그 운이 오히려 나를 힘들게 한다는 겁니다.

셋째, 그렇다고 큰돈을 벌 수 있는 운명이 아닌 사람은 평생 큰돈을 만지지 못하는 것은 아닙니다. 타고난 내 운명에는 돈이 없지만, 10년 마다 변해가는 대운大運에서 돈을 벌 수 있는 운을 만나게 되면 돈을 벌 수 있습니다.

넷째, 큰돈을 벌 수 있는 운명을 가진 사람이라도 평생 큰돈을 잘 운용하는 것은 아닙니다. 타고난 운명으로 인해 큰돈을 만질 수 있는 사람도 10년마다 변해가는 대운에서 돈과 인연이 멀어지면 가진 돈을 탕진할 수도 있습니다.

명리학을 배우는 이유 중 하나는 '안분지족安分知足 추길피흉趨吉避凶' 입니다. 즉, 자신의 분수를 알고 만족할 줄 알아야 하고, 이를 통해 길한 것을 취하고 흉한 것은 피한다는 겁니다. 내 분수를 안다는 것은 내 명과 운을 안다는 겁니다.

앞서 살펴본 나의 사주명식을 통해 내 명과 운에는 돈이 없는 걸 알고도 돈을 쫓는다면 결국 내 삶의 방향을 잃게 될 것입니다. 하지만 재물보다는 명예를 쫓으면 부자는 되지 못하더라도 다른 사람의 존경을 받으면서 무난히 살 수 있는 팔자입니다. 재물에만 욕심 부리지 않으면 만사가 편한데 굳이 그 삶을 망가뜨릴 이유는 없는 것이죠. 게다가 좀 더 들여다보면 열심히 강의하면서 돌아다니면 먹고 살 만큼의 재물은 생깁니다. 이런 수준의 해석까지 가려면 조금 더 공부를 해야 하겠지만 결코 서둘러서는 안 됩니다.

어떤가요? 여러분의 사주에 정재, 편재, 정관, 편관 등과 같은 글자가 있는지 그리고 식신은 있는지 확인해보시기 바랍니다. 재라고 해서 '겁재', 관이라고 해서 '상관' 등의 글자가 있으면 그건 재물이나 명예에 속하는 것이 아니므로 조심하시기 바랍니다.

2

사주에
재물이 있는지
어떻게 알아볼까?

내 사주에서 재물운 찾아보기

재물운이 있는 사람의 사주를 예로 들어보겠습니다. 다음 사주는 남자 사주입니다. 이 사람을 대표하는 글자는 계수癸水입니다. 작은 시냇물과 같은 사람이죠. 우측에서 첫 번째 열인 연주와 두 번째 열인 월주에 재성이 뚜렷하게 나와 있습니다.

겁재	일원	정재	정재
壬	癸	丙	丙
戊	卯	申	午
정관	식신	정인	편재

木(1)	火(3)	土(1)	金(1)	水(2)

辛丁戊	甲 乙	戊壬庚	丙己丁

89	79	69	59	49	39	29	19	9.0
乙	甲	癸	壬	辛	庚	己	戊	丁
巳	辰	卯	寅	丑	子	亥	戌	酉

재성이 많다고 해서 돈을 많이 버는 것은 아닙니다. 사주에 재성이 있으니 적절한 시기가 오면 재물을 모을 수 있지만, 문제는 그 재물을 모으는 때가 언제인지를 찾아내는 겁니다. 지금 사주에서는 일원인 계수癸水가 아래쪽 정인 신申의 도움을 받고 있어 결코 약하지 않은 모습입니다. 즉, 돈이 들어오더라도 그 돈을 견딜 만한 힘이 충분한 상태라는 겁니다. 뒤에서 다시 이야기하겠지만 신강, 신약으로 사주를 구분해보면 신약한 사주지만 그렇게 약한 것은 아닙니다. 대운이 재물운을 도와주는 방향으로 흘러가면 됩니다.

위쪽 천간에 떠 있는 병화丙火는 태양을 의미합니다. 태양이 둘이면 더 밝아지는 것이 아니라 오히려 어두워진다고 볼 수 있습니다. 그중 하나를 없애든지 아니면 가려줘서 태양이 하나만 남게 되었을 때 더욱 아름답게 재물을 모을 수 있습니다. 이 사주에서 그 시기는

49세 대운부터 40년간으로, 바로 그때 재물을 아름답게 모을 수 있는 운이 들어온다는 겁니다.

지금은 무슨 소리인지 조금 어려워도 읽어두시기 바랍니다. 49대운에서 신금辛金은 병신합丙辛合을 통해 병화 하나를 없애줍니다. 그리고 59대운에는 태양이 두 개이지만 호수壬水가 두 개가 되어 각각의 호수에 하나의 태양이 떠오르게 되어 서로 싸우지 않게 되고, 69대운에 있는 계수癸水는 이슬비와 같아서 하나의 태양을 가려줄 수 있습니다. 79대운에서는 갑목甲木이 큰 나무라서 하나의 태양을 가릴 수 있게 됩니다. 그래서 재물운이 40년간 아름답게 빛날 수 있다고 보는 겁니다.

이 사주의 주인은 실제로 편의점을 10개 이상 운영하면서 착실하게 재물을 모으고 있는 사람입니다. 그동안은 사업을 하면서 의미있는 결과를 얻어내지 못했지만, 49대운부터 편의점 사업에 뛰어들어 건실하게 경영을 하고 있습니다.

이 사주에서 알 수 있는 것은 첫째, 재성이 너무 많다고 좋은 것이 아니다. 둘째, 재물이 들어오는 것을 견디기 위해서는 내 사주가 어느 정도 버틸 수 있는 상태가 되어야 한다. 셋째, 재물운이 빛을 발하기 위해서는 대운에서 합당한 조건이 갖춰져야 한다. 사주를 읽을 때 이를 이해하는 것이 중요합니다.

다만, 이 사람은 자신과 오행이 같은 임수壬水, 즉 겁재를 가지고 있습니다. 겁재는 내 입장에서 보면 경쟁자에 속합니다. 그런데 나는 작은 시냇물인데 내 상대는 큰 강물입니다. 내가 쉽게 이길 수 없는 상대인 것이죠. 이럴 때는 동업을 해서는 안 됩니다. 만약 동업을 하게 되면 동업자만 돈을 벌어주고 나는 빛좋은 개살구가 될 가능성이 크다고 봅니다. 재물운을 볼 때는 이렇게 자신의 사주원국에 경쟁자는 어떤 힘을 가지고 있는지를 같이 살피는 것도 중요합니다.

드러난 재물과 숨겨진 재물

사주팔자 여덟 글자 중 위에 위치한 네 글자를 천간天干, 아래에 위치한 네 글자를 지지地支라 합니다. 재물과 관련된 재성이 천간과 지지에 동시에 있어 천간의 뿌리가 되는 경우는 매우 강한 재물이 있다고 봅니다. 그러나 재성이 천간에만 드러난 경우와 지지에만 숨겨져 있는 경우도 있습니다. 각각 어떤 의미를 갖는지 알아보겠습니다.

먼저 재물과 관련된 재성이 천간에만 떠 있는 경우입니다. 아래 사주는 천간에만 재성인 정재가 목木기운으로 나타나 있습니다.

정관	일원	정재	정재
丙	辛	甲	甲
申	酉	戌	申
겁재	비견	정인	겁재

木(2)	火(1)	土(1)	金(4)	水(0)

戊壬庚	庚 辛	辛丁戊	戊壬庚

90	80	70	60	50	40	30	20	9.6
癸	壬	辛	庚	己	戊	丁	丙	乙
未	午	巳	辰	卯	寅	丑	子	亥

이런 경우에는 재물을 많이 모은다기보다는 돈을 많이 만지는 직업을 갖게 될 가능성이 큽니다. 예를 들어 은행 직원이나 증권회사 직원처럼 손으로 만지는 돈은 엄청나게 많지만 실제로 자신의 돈이 되지 않는 경우가 많습니다.

반대로 재성이 지지에만 있는 경우도 있습니다. 다음 사주는 지지 중 월지에만 재물과 관련된 편재가 있는 사주입니다. 이렇게 지지에만 재성이 있는 경우에는 남들에게는 잘 드러나 있지는 않지만 소위 알부자가 될 수 있는 사주로 이해하면 됩니다. 사실 나에게 재물이 있다는 것을 남들은 잘 모르는 것이 오히려 좋습니다.

비견	일원	편인	비견
乙	乙	癸	乙
酉	酉	未	巳
편관	편관	편재	상관

木(3)	火(1)	土(1)	金(2)	水(1)

庚 辛	庚 辛	丁乙己	戊庚丙

88	78	68	58	48	38	28	18	7.6
甲	乙	丙	丁	戊	己	庚	辛	壬
戌	亥	子	丑	寅	卯	辰	巳	午

일본에서 사업을 하는 사람의 사주입니다. 자신의 힘이 강해지고 토土기운이 들어오면 재물이 늘어나는 사주입니다. 비록 자신의 사업은 난관에 부딪히는 경우가 많지만 부모님 재산이 상당한 사람입니다.

무한대의 재물운도 가능할까?

사주에 재성이 없다고 실망하신 분도 계실 것 같습니다. 하지만 사주에 재물과 관련된 재성이 없는 경우에도 큰돈을 버는 사람이 있습니다.

사주에 재성이 없다는 것은 재물이 없다는 것으로도 이해할 수 있지만 달리 보면 재물이 무한대로 들어올 수 있다는 것을 의미하기도 합니다. 다만, 재물이 들어오기 위해서는 재물이 자리를 제대로 잡을 수 있는 조건을 갖추어야 합니다. 앞으로 계속 언급할 헤지펀드의 대부 조지 소로스의 사주를 살펴보도록 하겠습니다.

식신	일원	비견	편관
丙	甲	甲	庚
寅	午	申	午
비견	상관	편관	상관

木(3)	火(3)	土(0)	金(2)	水(0)

戊丙甲	丙己丁	戊壬庚	丙己丁

89	79	69	59	49	39	29	19	9.0
癸	壬	辛	庚	己	戊	丁	丙	乙
巳	辰	卯	寅	丑	子	亥	戌	酉

조지 소로스는 우리 시대 대표적인 투자전문가 중 한 사람이고 또 매우 큰돈을 번 사람입니다. 그런데 사주원국에는 재성인 정재 또는 편재가 없습니다.

바로 재성이 없음에도 불구하고 큰돈을 번 사람의 예입니다. 소로스의 경우 토土기운이 재물입니다. 39대운부터 약 20년간 바짝 돈을 버는 사주입니다. 뒤에 소로스의 사주를 간명해보겠지만 일단 예외적인 사례로 기억해놓으시기 바랍니다.

3

재물이 들어와도 견디지 못하는 사주가 있다?

감나무 밑에서 입을 벌리고 있다고 감이 입으로 떨어지지는 않습니다. 감을 따기 위해서는 나무에 올라가던지 아니면 장대를 이용해야 합니다. 즉, 돈을 벌기 위해서는 내가 노력을 해야 합니다. 그래서 재물은 힘 있는 사주를 요구합니다. 여기서 말하는 힘은 육체적인 힘이 아닙니다. 사주의 구성이 재물을 견딜 정도로 신강한 사주인지 아니면 재물을 견디지 못하는 신약한 사주인지를 따져봐야 한다는 겁니다.

신강한 사주란 일간인 나를 도와주거나 나와 같은 오행이 지지에 있는 경우를 말하고, 신약한 사주란 일간인 나를 극하거나 극하는 오행을 도와주는 오행이 지지에 있는 경우를 말합니다.

일단 신강한 사주는 재물이 들어왔을 때 잘 견뎌내고 자신의 것으로 만들 수 있습니다. 그러나 신약한 사주는 재물이 들어왔을 때 이를 견뎌내지 못합니다. 즉, 재물이 들어오면 오히려 자신에게 힘든 일이 생길 수 있다는 겁니다.

신강한 사주와 신약한 사주는 지금은 개념 정도만 머릿속에 기억해 두세요. 나중에 신강, 신약을 판단하는 방법을 알려드리도록 하겠습니다.

다음 사주는 유명 연예인의 사주입니다.

비견	일원	편인	편재
己	己	丁	癸
巳	巳	巳	丑
정인	정인	정인	비견

木(0)	火(4)	土(3)	金(0)	水(1)

戊庚丙	戊庚丙	戊庚丙	癸辛己

89	79	69	59	49	39	29	19	9.0
戊	己	庚	辛	壬	癸	甲	乙	丙
申	酉	戌	亥	子	丑	寅	卯	辰

사주원국이 토土기운과 화火기운으로 가득 차 있습니다. 이런 경우 매마른 땅이 될 수 있습니다. 이런 사주를 인다신약印多身弱, 즉 인성(정인, 편인)이 많아서 신약해진 사주라고 합니다.

재물이라고는 연간 편재인 계수癸水밖에 없는데 뜨겁게 달궈진 땅에 물 한 바가지를 부으면 어떻게 될까요? 금방 수증기로 증발해 버릴 겁니다. 이 사람에게는 뜨겁게 달궈진 땅을 충분히 적시고도 남을 만큼의 물이 있어야 합니다. 그렇지 않으면 돈이 들어오는 것이 오히려 독이 될 수 있습니다.

오랜 시간 두각을 나타내지 못하던 이 사람은 39대운에서 높은 인기를 얻었지만 과거의 불미스러운 일로 추락하고 말았습니다. 그러나 49대운에 다시 재물운이 들어오니 재기할 수 있을 것으로 예상해봅니다.

이렇게 신약하고 재물운이 들어와도 그 기능을 제대로 발휘할 수 없는 경우에는 오히려 나쁜 결과를 가져올 수 있다는 점을 기억해야 합니다.

4

나는 언제쯤 재물운을 맞이할 수 있을까?

사주를 분석했을 때 신강한 사주는 일단 재물을 잘 견딜 수 있는 조건이 됩니다. 그러나 평생 동안 늘 재물을 잘 견디는 것은 아닙니다. 신강한 사주가 10년마다 바뀌는 대운에서 신강함이 손상을 받는다면 그 대운에 한해서 재물을 견디지 못할 수 있습니다. 사주의 각 글자들 간에 합合이 된다든지 아니면 충沖이 되어 글자가 깨지는 경우 등을 예로 들 수 있습니다.

또 반대로 신약한 사주를 가지고 태어난 사람들도 마찬가지로

10년마다 변화하는 대운에서 신약함을 보충해주는 기운이 들어올 때 재물이 들어오면 모아 나갈 수 있게 됩니다.

다음 예시는 한과사업을 하고 있는 51세 남성의 사주입니다. 정화丁火 일간으로 신강한 사주로, 재성은 금金기운인데 사주원국에는 재물이 없는 무재無財 사주입니다. 그러나 51대운부터 20년간 금기운이 들어옵니다. 재물을 취할 수 있는 좋은 기회입니다.

겁재	일원	정인	정인
丙	丁	甲	甲
午	巳	戌	辰
비견	겁재	상관	상관

木(2)	火(4)	土(2)	金(0)	水(0)

丙己丁	戊庚丙	辛丁戊	乙癸戊

81	71	61	51	41	31	21	11	1.0
癸	壬	辛	庚	己	戊	丁	丙	乙
未	午	巳	辰	卯	寅	丑	子	亥

다만, 이런 사주는 동업을 하면 안 됩니다. 나보다 내 경쟁자가 더 힘이 강하기 때문입니다. 나는 작은 불인데 내 옆자리에 큰 불이 있기 때문에 재물이 들어오더라도 나보다 힘이 강한 경쟁자에게 빼앗길 수 있습니다.

사주원국과 대운의 흐름을 통해서 언제가 좋은 운으로 흐르는지 아니면 좋지 않은 운으로 흐르는지도 앞으로 공부해나가기로 하겠습니다.

실전연구

나한테는 언제 재물운이 들어올까?

사주원국은 신약한 사주지만 대운의 흐름이 좋아 재물을 모으거나 명예가 높아지는 경우도 많이 볼 수 있습니다. 아래 사주는 갑목甲木 일간에 토土 재성이 없는 무재無財 사주입니다.

정인	일원	정인	식신
癸	甲	癸	丙
酉	申	巳	午
정관	편관	식신	상관

木(1)	火(3)	土(0)	金(2)	水(2)

庚 辛	戊壬庚	戊庚丙	丙己丁

84	74	64	54	44	34	24	14	4.0
壬	辛	庚	己	戊	丁	丙	乙	甲
寅	丑	子	亥	戌	酉	申	未	午

잘 살펴보면 나무가 심어질 땅 한 평 없는 사주여서 자신을 제대로 키울 수 없는 사주입니다. 그런데 대운으로 보면 44세부터 20년간 노란색 바탕의 토土 재성이 뚜렷하게 나타납니다. 바로 나무가 심어

질 수 있는 땅이 대운에서 들어와 나무도 살리고 또 나의 명예운도 살리는 사주입니다.

이 사주의 주인공은 국내 굴지의 재벌기업 임원으로 밤낮 없는 노력을 기울여 그룹 최초로 고졸 출신 임원에 올라 승승장구하고 있는 사람입니다. 물론 명예와 재물을 20년 동안 꾸준히 추구할 수 있는 운입니다.

사주원국에는 없는 재물이 대운의 흐름에 따라 얻어지는 것을 바로 이 사례를 통해 알 수 있습니다.

3장

부자들의 사주 무작정 분석해보기

1

부자들의 사주분석 원칙

지금부터 우리가 잘 알고 있는 세계적인 부자들의 사주를 통해서 그 사람의 사주구성과 운의 흐름을 살펴보도록 하겠습니다. 투자의 달인이나 사업으로 성공한 사람들은 도대체 어떤 사주 특성을 가졌기에 그렇게 크게 성공을 했는지를 살펴보는 것은 흥미로운 일입니다.

사주를 이론으로만 접근하면 금세 흥미를 잃을 수도 있으니 이렇게 유명한 사람이나 관심 있는 사람의 사주를 가지고 공부를 시작해보세요. 사주 공부가 조금 더 재미있어질 것입니다. 그럼 사주 특성을 살펴보고 부자들의 일생도 간단히 알아보면서 사주와 비교도 해보겠습니다.

앞으로 사주명조, 즉 사주원국과 대운의 흐름을 계속 만나게 될 겁니다. 그래서 초보적인 수준이지만 사주를 분석하기 위해서 반드시 확인해야 하는 몇 가지 원칙을 먼저 밝혀 둡니다. 그 원칙을 순서대로 따라가면 대강의 사주흐름을 읽을 수 있습니다.

① 일간의 특성(일간의 오행이 무엇인지)을 살핀다.
② 지지에 일간을 도와주는 글자(정인, 편인, 비견, 겁재 등)가 있는지 본다.
③ 사주에 재성(정재, 편재), 관성(정관, 편관) 등의 글자가 있는지 본다.
④ 대운의 흐름을 통해 사주에 없는 글자가 들어오는지 확인한다.

다음 장부터는 우리가 너무도 잘 알고 있는 워런 버핏과 조지 소로스, 일론 머스크, 정주영 회장의 사주를 본격적으로 살펴봅니다. 첫 번째 사주의 주인공은 오마하의 현인 워런 버핏입니다.

2

오마하의 현인 워런 버핏 사주분석

워런 버핏의 사주분석

버핏을 대표하는 글자는 임수壬水로 수水기운입니다. 임수는 큰 물로 호수와 같으며 지혜가 깊은 사람입니다. 임수의 뿌리가 될 수 있는 것은 금金기운과 수水기운입니다. 정인, 편인, 비견, 겁재 등의 글자가 있으면 일단 뿌리가 있다고 보는데요. 아래쪽 지지에 편인과 겁재가 있어 결코 약하지 않은 사주입니다.

정재	일원	식신	편인
丁	壬	甲	庚
未	子	申	午
정관	겁재	편인	정재

木(1)	火(2)	土(1)	金(2)	水(2)

丁乙己	壬 癸	戊壬庚	丙己丁

83	73	63	53	43	33	23	13	3.0
癸	壬	辛	庚	己	戊	丁	丙	乙
巳	辰	卯	寅	丑	子	亥	戌	酉

버핏에게 재물을 뜻하는 재성은 화火기운입니다. 정재, 편재 등과 같은 글자들이 재물을 의미합니다. 천간으로는 병화丙火와 정화丁火이고 지지로는 오화午火와 사화巳火입니다. 실제로 버핏에게는 시간에 정화가 있고 연지에 오화가 있습니다. 재물운이 사주원국에 자리 잡고 있는 겁니다.

또한 버핏 사주의 가장 큰 특징은 오행이 고르게 자리 잡고 있다는 겁니다. 앞으로 사주원국을 보면 알게 되겠지만 버핏과 같이 오행이 고르게 자리 잡고 있는 사주는 생각보다 드뭅니다. 이런 경우 사주가 중화中和를 이루었다고 하고 아주 좋은 것으로 해석합니다.

재물운에는 정재正財와 편재偏財가 있는데, 정재는 월급과 같이 매월 고정적으로 들어오는 재물을 의미하고, 편재는 사업을 해서 벌어들이는 돈이나 횡재수가 있는 돈 등을 의미합니다. 버핏에게는 재물 중에서도 정재正財, 즉 횡재로 얻는 재물이 아니라 정기적이고 안정적으로 돈이 들어오는 재물운이 있습니다.

버핏의 버크셔해서웨이는 1967년 내셔널인뎀니티National Indemnity Company를 인수해 본격적으로 보험업을 시작합니다. 이를 통해서 버핏은 안정적으로 주식을 운용하면서 500억 달러, 우리 돈으로 약 60조 원의 재산을 축적할 수 있었습니다. 버핏은 늙어서까지 재물을 잘 지킬 수 있는 운으로 흘러갑니다.

버핏의 사주에서 알 수 있는 것은 재물을 견딜 수 있는 신강한 사주이고, 재물운을 크게 다치게 하는 대운이 없으며, 횡재수가 없더라도 꾸준히 큰 재물을 거둘 수 있다는 겁니다. 즉, 재물운이 사주원국에 아름답게 자리 잡고 있으면 로또나 주식으로 대박이 나지 않아도 충분히 큰 재산을 거둘 수 있다는 점을 반드시 기억해야 합니다.

워런 버핏의 일생

워런 버핏은 1930년 8월 30일 미국의 네브라스카주 오마하에서 태어났습니다. 버핏의 부친 하워드 버핏은 공화당 소속 연방 하원의원이었으며 주식 브로커 일을 하고 있었습니다. 버핏은 열한 살부터 부친이 근무하던 증권회사 헤리스업햄 객장에서 시세판을 적는 아르바이트를 시작했고, 그때 처음으로 시티서비스의 주식을 매입하기도 했습니다.

열세 살에는 〈워싱턴포스트〉와 〈워싱턴타임즈-헤럴드〉를 배달하면서 번 돈을 모아서 35달러짜리 중고 핀볼 게임기를 이발소에 설치하는 사업을 시작했습니다. 이는 곧 일곱 대로 불어나 일주일에 50달러의 수입을 올렸습니다. 이후 그는 친구와 함께 돈을 모아서 롤스로이스를 구입해서 이를 임대해 하루에 35달러씩을 벌었다고 합니다. 고등학교를 졸업할 즈음에는 이미 6천 달러를 모을 수 있었습니다.

버핏은 네브라스카대학 4학년 때 벤자민 그레이엄의 《현명한 투자자》를 읽고 감동을 받아 대학 졸업 후 그레이엄이 교편을 잡고 있던 컬럼비아대학의 경영대학원에 진학하였습니다. 컬럼비아대학 경영대학원을 졸업한 버핏은 고향인 오마하로 돌아와 아버지가 근무하던 증권회사에 잠시 근무했지만, 이후 스승인 그레이엄의 권유에 따라 1954년 그레이엄-뉴먼에 입사하게 됩니다.

버핏은 이 회사에 근무하는 동안 스승의 투자기법을 완전하게 이해하게 됩니다. 1956년 그레이엄-뉴먼은 해체하게 되고 스물다

섯의 버핏은 고향으로 돌아와 일곱 명의 주주에게 모은 10만 5천 달러로 투자펀드를 시작했습니다. 투자펀드를 시작한 이후 버핏은 13년 동안 연평균 29.5%의 수익을 올렸습니다. 이렇게 높은 수익을 올리게 되자 점점 많은 사람이 그에게 자산관리를 의뢰하게 되었고 1965년에는 펀드 금액이 2,600만 달러로 불어났습니다.

워런 버핏은 섬유업을 하던 버크셔해서웨이를 인수했고 이후 오마하에 본점을 두고 있는 내셔널 손해보험과 내셔널 화재해상보험 두 회사의 주식을 사들여 보험업에 본격적으로 뛰어들었습니다. 버핏이 보험회사를 인수하게 된 것은 이 두 회사가 자산운용을 위해 주식에 많은 투자를 하고 있었기 때문입니다. 당시 인수한 두 회사 모두 2,470만 달러 상당의 채권과 720만 달러 상당의 주식을 보유하고 있었습니다.

워런 버핏은 1965년 버크셔해서웨이에 처음 투자했을 때 순자산이 2,200만 달러에 불과했지만 29년이 지난 후에는 104억 달러로 불어났습니다. 이는 복리로 계산했을 때 수익률이 매년 23.3%에 달하는 셈입니다. 이렇게 엄청난 수익을 올리고 또한 지금까지도 그 명성을 떨치고 있는 20세기 최고의 투자자 워런 버핏은 오마하의 현인으로 칭송받고 있습니다.

3

헤지펀드의 대부 조지 소로스 사주분석

조지 소로스의 사주분석

조지 소로스는 1930년 8월 12일 인시寅時생입니다. 조지 소로스를 대표하는 글자는 갑목甲木으로 큰 나무입니다. 큰 나무는 우두머리가 되고 싶어 합니다. 그러나 큰 나무는 큰 땅에 심어져야 하는데, 일단 소로스에게는 땅이 없습니다. 정인, 편인과 같은 인성은 없지만, 비견이 하나 있어 아주 약하지는 않은 사주입니다. 그러나 일반적인 분류로 보면 조지 소로스는 신약사주입니다.

일원의 오행이 나무인 경우 일반적으로 토土기운을 재물로 보는데 조지 소로스의 사주원국에는 재성인 토기운이 없습니다. 그렇다면 조지 소로스에게는 재물운이 없을까요? 정답은 이미 모두가 알고 있습니다. 이런 것이 사주풀이의 재미입니다.

사주에서 재물운이 없다는 것은 재물이 없다는 뜻도 되지만 재물이 들어오면 무한대의 재물이 올 수 있다는 겁니다.

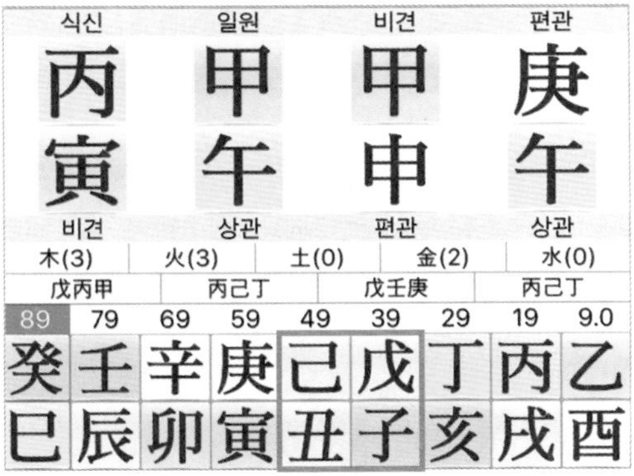

식신	일원	비견	편관
丙	甲	甲	庚
寅	午	申	午
비견	상관	편관	상관

木(3)	火(3)	土(0)	金(2)	水(0)

戊丙甲	丙己丁	戊壬庚	丙己丁

89	79	69	59	49	39	29	19	9.0
癸	壬	辛	庚	己	戊	丁	丙	乙
巳	辰	卯	寅	丑	子	亥	戌	酉

재물이 무한대로 가능하다는 것은 아무 때나 그렇다는 뜻이 아닙니다. 재물운이 들어올 때 재물운이 기능을 잘할 수 있는지를 따져봐야 합니다.

토土는 만물을 길러내는 터전입니다. 땅이 있어야 나무를 심고 물을 주고 태양빛으로 만물을 길러냅니다. 그리고 만물이 자라면 추수를 할 수 있는 도구가 필요합니다. 소로스의 경우는 나무木도 있고 또 햇볕火도 있고 추수할 도구金도 있습니다. 만물을 길러낼 땅土과 물水만 있으면 됩니다. 그런 때가 바로 39대운인 무자戊子 대운부터 시작됩니다. 물론 29대운인 정해丁亥 대운부터 수기운이 들어오지만, 정해丁亥 대운에는 태양을 의미하는 병화丙火와 달을 의미하는 정화丁火가 동시에 들어와 정신적인 갈등을 겪었을 가능성이 큽니다.

소로스는 무자戊子 대운에 헤지펀드인 퀀텀펀드를 설립합니다. 퀀텀펀드를 설립한 소로스는 본격적으로 돈을 벌어들이기 시작합니다. 그리고 49세부터 58세까지 큰 어려움 없이 자신의 능력을 발휘하게 됩니다. 그리고 63세가 되는 임신壬申년에 일간을 보호해주는 수水기운이 들어옵니다. 나무를 키우기 위한 물이 준비된 것입니다. 이때 조지 소로스를 세계적으로 유명하게 만든 파운드화 공매도를 통해 무려 10억 달러를 벌어들입니다.

조지 소로스의 사주에서 알 수 있는 것은 신약한 사주라도 대운의 흐름에서 일간을 보충해주는 운과 재물운이 들어올 경우 재물을 모을 수 있다는 겁니다. 사주원국에 재물이 없다고 실망하지 말고 조건이 갖추어지면 그 대운에 따라서 돈을 모을 수 있다는 것을 기억해야 합니다.

조지 소로스의 일생

헝가리 부다페스트에서 태어난 조지 소로스의 본명은 조지 슈와르츠였습니다. 그러나 반유대주의가 기승을 부린 1936년 소로스로 성을 바꿉니다. 독일 나치의 유대인 탄압에서 겨우 살아남은 그는 1947년 영국으로 탈출, 철도역 짐꾼 등을 하며 갖은 어려움을 극복하고 런던정경대학LSE을 졸업했습니다.

1956년 미국으로 건너가 월스트리트에서 펀드매니저 일을 시작한 그는 얼마 지나지 않아 최고 소득을 올리는 펀드매니저로 두각을 나타냈습니다. 1969년 1만 달러로 시작한 투자회사 퀀텀펀드는 20여 년 후 2,100만 달러의 기금을 가진 회사가 됐습니다. 이 과정에서 그가 달성한 성장률은 연평균 35%로, 금융계에서 전무후무한 기록으로 남아 있습니다.

조지 소로스가 본격적으로 유명해진 것은 1992년입니다. 유럽 각국의 통화가 불안해진 틈을 타 영국 파운드화를 공매도하여 영국에 검은 수요일을 야기하고 일주일 만에 10억 달러(약 1조 3천억 원)를 벌어들여 신화적 존재가 되었습니다. '우리의 세금을 투기꾼이 가로채 갔다'는 영국 국민들의 비난을 받았고, 1997년 아시아 금융위기 때도 또다시 환투기를 시도해 동남아 통화위기의 주범으로 지목받습니다.

투자의 천재와 최고의 사기꾼이란 상반된 평가를 받는 소로스는 1979년 자선단체인 열린사회재단Open Society Fund을 설립하여 구소련 및 동구권의 순조로운 체제 전환을 위해 매년 3억 달러의 거액을 지원하기도 했습니다.

한편 그는 아주 검소한 생활을 하는 것으로 유명합니다. 오랫동안 맨해튼의 조그만 원룸 아파트에서 살았던 그는 재혼한 아내가 첫 아이를 임신했을 때 비로소 뉴욕 5번가의 2층짜리 맨션으로 옮겼다고 합니다.

1949년 처음 발명된 헤지펀드의 역사는 소로스 이전과 이후로 나뉠 정도입니다. 소로스가 미국.유럽.일본이 합의한 플라자합의 이후 엔화 표시 자산에 투자해 수억 달러를 벌어들였다는 사실이 1989년에 알려질 때까지 일반 대중들은 헤지펀드의 존재도 알지 못했습니다.

조지 소로스의 헤지펀드는 설정 이후 40년 동안 쌓은 엄청난 수익률로 헤지펀드업계의 전설로 평가받습니다. 하지만 지난 2000년 퀀텀펀드가 첨단기술주에 발이 묶여 50억 달러를 순식간에 날리자 그는 '헤지펀드의 시대는 갔다'고 공식 선언을 합니다. 평생을 함께했던 '하이 리스크, 하이 리턴'이라는 투자전략 대신 수익이 적더라도 안전한 투자를 하겠다고 밝혔습니다.

소로스는 2011년 7월 26일 자신이 운영하는 헤지펀드인 퀀텀펀드에 투자된 외부인들의 자금을 모두 돌려준다며 사실상 은퇴를 선언했습니다. 하지만 소로스는 은퇴 이후에도 가족회사 자금만 245억 달러를 운용하는 큰손으로서 영향력을 계속 유지하고 있습니다.

4

레슬라와 도지코인 일론 머스크 사주분석

일론 머스크의 사주분석

(주. 일론 머스크는 1971년 6월 28일에 태어났지만, 태어난 시간은 불분명합니다. 그러나 그의 삶의 궤적으로 미루어 새벽 4시경 출생한 것으로 추정하여 사주를 분석해봅니다.) 일론 머스크를 대표하는 글자는 갑목甲木입니다. 큰 나무로 천간의 제일 첫 글자이므로 우두머리 역할을 하는 사람입니다. 천간에 정관인 신금辛金과 지지에 편관인 신금申金이 자리 잡고 있지만 갑목의 재물을 의미하는 토와 관

련된 재성은 없는 무재사주입니다. 무재사주의 경우 재물운이 올 때에 한해서 재물을 모을 수 있는데, 경우에 따라서는 무한대의 재물을 모을 수 있습니다.

식신	일원	비견	정관
丙	甲	甲	辛
寅	申	午	亥
비견	편관	상관	편인

木(3)	火(2)	土(0)	金(2)	水(1)

戊丙甲	戊壬庚	丙己丁	戊甲壬

87	77	67	57	47	37	27	17	7.3
乙	丙	丁	戊	己	庚	辛	壬	癸
酉	戌	亥	子	丑	寅	卯	辰	巳

갑목은 넓은 땅에 심어져야 하고, 나무가 자라기 위해서는 물이 필요하며 또한 나무가 꽃을 피우기 위해서는 햇볕이 있어야 합니다. 일론 머스크는 천간에 수기운과 토기운이 없어 이를 보충하는 것이 필요합니다. 특히 수기운의 경우 자신의 나라를 떠나 다른 나라로 갈 경우 물을 보충할 수 있다는 점도 미리 알아두시기 바랍니다.

결국 일론 머스크는 자신에게 없는 오행인 토기운이 왔을 때 재물을 극적으로 모을 수 있는 사주입니다.

그러나 보이지 않는 재물은 항상 존재합니다. 두 개의 갑목이 기토己土를 끌어와 재물로 쓸 수 있으며, 지지에 인오술로 삼합을 이룰 때도 재물이 생기게 되니 보이지 않는 재물은 항상 존재하고 있어 돈 걱정은 없는 사주입니다.

일론 머스크의 대운의 흐름을 보면 어릴 때 수대운이 와서 나무를 잘 자라게 하니 공부는 나름 잘할 수 있는 여건이 만들어졌습니다. 이 시기 머스크는 남아프리카공화국에서 캐나다로 이민을 가서 온타리오 퀸즈대학에서 물리학을 전공하다 미국 펜실베이니아대학으로 편입해서 졸업한 이후 와튼스쿨에서 경제학을 부전공을 이수해 물리학과 경제학 복수전공자가 됩니다.

17세부터 26세까지 지지에 재물운이 오고 이후 47세부터 66세까지 재물운이 이어지는 사주인데, 25세가 되는 1995년에 ZIP2 창업을 시작으로 X.com(페이팔의 전신)을 설립 후 매각해서 약 2천억 원대의 억만장자가 됩니다. 그리고 경인庚寅 대운인 2008년 지지가 인오술로 병화가 떠오르면서 사주가 극적으로 밝아져 스페이스X 팰컨1 4차 발사가 성공하면서 NASA와의 대규모 투자 유치에 성공하고, 2012년 테슬라 로드스터를 성공적으로 출시한 후 모델S, 모델X, 모델3 라인업 출시가 성공하면서 폭발적인 성장을 합니다.

47세 기축己丑 대운은 기토가 나의 경쟁자인 월간의 갑목을 합해서 없애주므로 경쟁자가 사라져 머스크의 독주가 가능하게 하는 대운입니다. 이때 일론 머스크는 승승장구를 이어가고 있습니다. 이런 재물운은 66세까지 이어지지만 감히 예측해보면 57세 이후에는 재물운이 온 것은 분명하지만, 그 재물이 탁해지게 되면 오히려 재물에 고통을 받을 수 있다는 점에 주의해야 하는 사주입니다.

일론 머스크의 일생

일론 머스크는 1971년 6월 28일 남아프리카공화국 프리토리아에서 엔지니어인 아버지와 모델인 어머니 사이에서 2남 1녀 중 장남으로 태어났습니다. 남아공의 인종분리정책인 아파르트헤이트 시절 남아공의 백인들은 대부분 재산이 많아 어린 시절 부유한 환경에서 자라났습니다.

머스크의 청소년 시절 남아공은 징병제를 시행했었는데, 병역에 대한 부담도 있고 인종차별정책에 대한 염증도 있는 상황에서 17세에 캐나다로 이민을 합니다. 이후 퀸즈대학에 입학한 후 미국 펜실베이니아대학과 와튼스쿨에서 학업을 마칩니다.

대학을 마치고 1995년 ZIP2 창업을 시작으로 X.com을 거쳐 페이팔로 사명을 변경해서 매각하면서 큰돈을 벌게 됩니다.

이후 머스크의 화성프로젝트인 스페이스X를 창업해서 프로젝트를 진행 중이고, 전기차회사 테슬라를 설립해서 성공시키는 등 승승장구를 했습니다. 일론 머스크는 재산의 변동이 크긴 하지만 순자산이 약 3천억 달러(약 355조 원)에 달하는 것으로 추산하고 있습니다. 코로나19 팬데믹이 진행되는 동안 비트코인은 물론 도지코인으로 큰돈을 벌면서 사람들의 입에 오르내리고 있습니다.

5

현대그룹 창업자 정주영 사주분석

정주영 회장의 사주분석

정주영 회장은 경금庚金 일원으로 지지에 비견과 정인을 지니고 있어 신강한 사주입니다. 특히 사주에 오행 5글자를 모두 갖추고 있습니다. 이럴 때는 운이 오는 그대로 받아들이면 됩니다. 사주원국 연주年柱에 목기운 재성이 전간과 지지에 튼튼하게 자리 잡고 있습니다. 특히 연주는 국가 자리에 있으므로 재물이 국가와 관련된 일이나 대기업과 관련된 것으로 볼 수 있습니다. 그리고 목기운이 대운에 들어오는 을유乙酉 정재正財 대운에서 미곡상을 시작합니다. 그리고 갑신甲申 대운은 큰 건물을 뜻하는 갑목 편재 대운에 현대자동차를 시작하고 곧이어 현대건설을 시작합니다. 그리고 기묘己卯 대운 임신壬申년에 본인에게 부족한 수대운이 오면서 국회의원이 되었습니다. 그러나 나중에 자세히 살펴보겠지만, 사주에 있는 글자들끼리 서로 부딪히는 것을 충이라고 하고 대부분의 경우 이때 사주의 근간을 흔드는 일이 생깁니다. 1993년 계유癸酉년에 이르러 묘유충卯酉沖이 발생해서 대통령 선거에서 낙선합니다. 그리고 무인戊寅 대운, 신사辛巳년에 인신충寅申沖과 묘유충卯酉沖으로 사주의 근간이 흔들리면서 사망합니다.

정관	일원	정관	정재
丁	庚	丁	乙
丑	申	亥	卯
정인	비견	식신	정재

木(2)	火(2)	土(1)	金(2)	水(1)

癸辛己	戊壬庚	戊甲壬	甲 乙

86	76	66	56	46	36	26	16	5.6
戊	己	庚	辛	壬	癸	甲	乙	丙
寅	卯	辰	巳	午	未	申	酉	戌

정주영 회장의 사주에서 주목할 것은 목기운이 재성인데 우연히도

건설업을 통해서 재물을 얻은 겁니다. 또한 사주에 부족한 오행인 토 기운으로 토건사업도 벌렸다는 겁니다. 이렇듯 사주를 자세히 분석해보면 당사자가 어떤 직업으로 돈을 벌 수 있는지도 짐작이 가능하다는 겁니다. 그러나 그런 경지에까지 이르기 위해서는 부단히 노력해야 하므로 초급 수준에서는 다루지 않기로 하겠습니다.

정주영 회장의 일생

정주영 회장은 1915년 강원도 통천군 아산마을에서 6남 2녀 중 장남으로 태어났습니다. 1930년 송전소학교를 졸업했으나 가난 때문에 상급학교에 진학하지 못하고 아버지의 농사를 도왔습니다. 가난에서 벗어나려고 여러 차례 가출을 반복한 끝에 1937년 9월에 경일상회라는 미곡상을 시작합니다.

1940년 서울에서 가장 큰 경성서비스공장의 직공으로 일하던 이을학의 소개로 아도서비스라는 자동차 수리공장을 인수하게 됩니다. 그 뒤 1946년 4월 현대자동차공업사를 설립했고, 1947년 5월에는 현대토건사를 설립하면서 건설업을 시작합니다. 1950년 1월 현대토건사와 현대자동차공업사를 합병, 현대그룹의 모체가 된 현대건설주식회사를 설립하여 1971년 현대그룹 회장에 취임합니다.

1987년 명예회장으로서 경영 일선에서 물러난 정주영은 1992년 통일국민당을 창당하여 대표최고위원이 되었으며, 제14대 국회의원선거에서 전국구의원으로 당선됩니다. 같은 해 12월 제14대 대통령선거에 통일국민당 대통령 후보로 출마하지만 낙선을 합니다. 1993년 통일국민당 대표최고위원직을 사임, 현대그룹 명예회장으로 돌아갑니다. 2000년 5월 명예회장직을 사퇴하고 2001년 폐렴으로 인한 급성호흡부전증으로 사망합니다.

실전연구

재물운이 가장 좋은 가족 찾아보기

이번에는 재미삼아 재물운이 가장 좋은 가족을 만세력 어플을 통해서 찾아보시기 바랍니다. 물론 재물과 관련된 글자가 있다고 해서 반드시 재물을 많이 모으는 것은 아닙니다만, 그래도 없는 것보다는 확률이 높으니 한번 찾아보시기 바랍니다. 여기서는 우리 아이들 사주를 통해서 알아보도록 하겠습니다.

큰아이의 사주

우리집 큰아이는 상대적으로 수水기운이 강한 사주입니다. 사주로 보면 화火기운이 재물운인데 사주원국에는 재물이 없습니다. 지금까지 이야기한 것으로 보면 돈에 대한 갈증이 심하고, 일단 돈을 벌기 시작하면 무한대의 돈을 벌 수 있다는 겁니다. 그런데 재물운은 65세부터 20년간 들어옵니다.

식신	일원	정관	상관
甲	壬	己	乙
辰	子	卯	亥
편관	겁재	상관	비견

木(3)	火(0)	土(2)	金(0)	水(3)

乙癸戊	壬 癸	甲 乙	戊甲壬

85	75	65	55	45	35	25	15	4.6
戊	丁	丙	乙	甲	癸	壬	辛	庚
子	亥	戌	酉	申	未	午	巳	辰

내가 살아 있는 동안 큰아이 덕을 보기는 힘들다는 이야기입니다. 큰놈한테는 소소한 용돈을 얻는 것으로 만족해야겠습니다.

둘째 아이의 사주

둘째 아이 사주의 특징은 일간이 정화丁火입니다. 이 아이는 정신적인 일을 해야 하는 사주입니다. 그리고 월주에 편재가 천간과 지지에 뿌리를 내리고 있습니다. 일단 재물운은 좋습니다. 그렇다면 자신이 강해지는 대운에서 돈을 벌 수 있겠습니다. 30세부터 30년간 재물을 얻을 수 있겠습니다.

정인	일원	편재	상관
甲	丁	辛	戊
辰	亥	酉	寅
상관	정관	편재	정인

木(2)	火(1)	土(2)	金(2)	水(1)

乙癸戊	戊甲壬	庚 辛	戊丙甲

90	80	70	60	50	40	30	20	9.6
壬	癸	甲	乙	丙	丁	戊	己	庚
子	丑	寅	卯	辰	巳	午	未	申

둘째는 어릴 때부터 각별했습니다. 둘째이기도 하고 또 말도 잘 들었던 아이입니다. 그러고 보니 특별히 예뻐하는 이유가 있는 듯합니다. 둘째 아이를 데리고 살아야 하나 지금부터 걱정이 됩니다.

셋째 아이의 사주

셋째 아이도 일간이 정화丁火이고 지지에 목木기운과 화火기운이 있어 약하지 않은 사주입니다. 그리고 연주에 편재가 있긴 합니다만 그 뿌리가 약해서 큰돈이 되지는 못할 듯합니다. 그렇다면 작은 재물을 지니고 살 것이고, 토土기운과 금金기운으로 흐르면 돈이 됩니다.

편인	일원	정관	편재
乙	丁	壬	辛
巳	卯	辰	巳
겁재	편인	상관	겁재

木(2)	火(3)	土(1)	金(1)	水(1)

戊庚丙	甲 乙	乙癸戊	戊庚丙

90	80	70	60	50	40	30	20	9.6
癸	甲	乙	丙	丁	戊	己	庚	辛
未	申	酉	戌	亥	子	丑	寅	卯

이 아이는 10대와 20대에 재물운이 들어오지만, 어린 나이에

무슨 돈을 벌겠습니까? 이때는 아마도 친구들과 클럽을 다니면서 젊음을 발산할 겁니다. 그리고 30대와 40대, 그리고 60대가 되면 재물운이 살아나겠지만, 실제로는 70대 이후에 지지로 재물운이 들어옵니다. 막내에게도 큰 기대를 하고 살 일은 없을 듯합니다.

농담이지만 우리집 아이들의 사주를 통해 내린 결론은 둘째 아이를 더 사랑해야 한다는 겁니다.

2부

내 사주에서 재물운을 찾아보자

4장

사주팔자 이해하기

1

사주팔자의 기본 천간과 지지

천간과 지지에 대하여

최근에는 학교에서도 한자를 잘 가르치지 않습니다. 그러다 보니 한자만 나오면 지레 겁을 먹는 경우가 많습니다. 실제로 명리 공부를 하고자 해도 한자가 무서워서 쉽게 시작하지 못하는 사람들이 많습니다. 그러나 명리를 이해하는 데 쓰이는 한자는 천간天干 10자와 지지地支 12자로 모두 합쳐 22자만 알고 있으면 됩니다.

그 쓰임새도 시간을 기록하기 위해서 만들어놓은 부호로 이해하시면 됩니다. 예를 들어 10개의 천간은 갑甲, 을乙, 병丙, 정丁, 무戊, 기己, 경庚, 신辛, 임壬, 계癸 10글자입니다.

지지는 자子, 축丑, 인寅, 묘卯, 진辰, 사巳, 오午, 미未, 신申, 유酉, 술戌, 해亥 12글자입니다.

천간과 지지를 하나씩 짝을 지어 만들어놓은 것이 갑자甲子, 을축乙丑, 병인丙寅으로 시작해서 임술壬戌, 계해癸亥로 끝나는 한 바퀴가 돌게 되면 60년을 기록할 수 있는 겁니다. 10과 12의 최소공배수가 바로 60이라는 점도 같이 기억해두시면 어디 가서 얘기할 때 조금은 유식해 보일 수 있습니다.

지금은 사람들의 기대수명이 100세 시대이기 때문에 60갑자를 이용하면 태어난 해가 겹치는 경우가 빈번히 발생합니다. 그러나 과거에는 60년 정도의 시간 범위 정도면 연도의 측정단위로 충분히 중복되지 않고도 쓸 수 있었습니다.

한자문화권에 살고 있는 우리들은 천간과 지지 22글자를 조합해서 60갑자를 사용하지만 다른 문화권에서는 시간측정의 부호를 달리하는 경우도 있습니다. 예를 들어 태국의 경우에는 10개의 천간을 1~10까지의 숫자로 대체하고 지지는 동물로 대입해서 60갑자를 만들어 쓰고 있습니다. 예를 들어 사일년蛇一年, 마이년馬二年, 양삼년

羊三年 등과 같은 순서로 60년의 시간단위를 측정하고 있습니다.

천간과 지지는 일단 시간을 측정하고 기록하기 위해 만들어진 것으로 보시면 됩니다. 그리고 여기에 년, 월, 일, 시를 기록하는 것으로 확장되어 사주팔자가 나타나게 되는 겁니다.

그럼 60갑자는 어떻게 구성되어 있는지 알아보겠습니다.

60갑자									
갑자 甲子	을축 乙丑	병인 丙寅	정묘 丁卯	무진 戊辰	기사 己巳	경오 庚午	신미 辛未	임신 壬申	계유 癸酉
갑술 甲戌	을해 乙亥	병자 丙子	정축 丁丑	무인 戊寅	기묘 己卯	경진 庚辰	신사 辛巳	임오 壬午	계미 癸未
갑신 甲申	을유 乙酉	병술 丙戌	정해 丁亥	무자 戊子	기축 己丑	경인 庚寅	신묘 辛卯	임진 壬辰	계사 癸巳
갑오 甲午	을미 乙未	병신 丙申	정유 丁酉	무술 戊戌	기해 己亥	경자 庚子	신축 辛丑	임인 壬寅	계묘 癸卯
갑진 甲辰	을사 乙巳	병오 丙午	정미 丁未	무신 戊申	기유 己酉	경술 庚戌	신해 辛亥	임자 壬子	계축 癸丑
갑인 甲寅	을묘 乙卯	병진 丙辰	정사 丁巳	무오 戊午	기미 己未	경신 庚申	신유 辛酉	임술 壬戌	계해 癸亥

이렇게 짝지어진 60갑자는 일단 외워두면 좋습니다. 그 순서를 정확이 외워두면 올해, 내년, 후년 등의 천간과 지지를 만세력을 보지 않고서도 쉽게 찾아볼 수 있습니다. 적어도 자신이 태어난 해와 올해

의 60갑자는 알아두면 어디서 아는 척하기도 좋고 이래저래 도움이 되는 일이 많습니다.

천간의 오행 배속

처음에는 천간과 지지를 이용해서 단순히 시간기록의 수단으로 쓰던 것에 음양과 오행을 결합하여 비로소 그 글자들에 의미를 부여하기 시작했습니다. 오행五行이란 목木, 화火, 토土, 금金, 수水를 말합니다. 그리고 천간과 지지의 각 글자들을 오행에 배속시키는 작업을 합니다. 사실 명리는 음양과 오행을 이해하면 많은 부분을 해석해낼 수 있습니다. 기가 막히게 몇 년, 몇 월, 언제 어느 때 무슨 일이 생긴다고 족집게처럼 집어낼 수는 없지만, 대체로 시간의 흐름과 오행의 흐름을 통해서 나에게 어떤 일이 생길지 감을 잡을 수 있습니다.

사주 명리는 하나의 이야기로 해석할 때 공부하기도 쉽고 재미도 있다고 생각합니다. 60갑자가 이야기의 소재로 쓰이기 위해서는 음양과 오행이 중요한 역할을 합니다. 앞서 유명인들의 사주풀이를 보면서 일간의 일원이 자신을 상징한다고 했습니다.

예를 들어 워런 버핏의 일원은 임수壬水였습니다. 임수는 큰 바다, 큰 강, 큰 호수를 뜻합니다. 워런 버핏은 큰 바다, 큰 강 같은 사람이라고 생각하면 됩니다. 우연인지 몰라도 워런 버핏은 사업의 성공을 넘어 기부문화까지 큰 바다와 같은 모습을 보여주고 있습니다. 반면 정주영 회장의 일원은 경금庚金은 큰 칼, 큰 바위로 해석됩니다. “이봐, 해봤어?” “시련이지 실패는 아니다” 등의 어록으로 유명한 뚝심과 도전의 아이콘이었던 정주영 회장과 어울리는 일원이라고 생각합니다. 이쯤 되면 자신의 일원이 궁금해질 것입니다.

그럼 먼저 천간의 오행 배속을 살펴보겠습니다. 아울러 음양도 같이 보겠습니다. 음양에 대해서는 다음 장에서 자세히 설명하겠습니다. 지금은 글자에만 주목해주시기 바랍니다.

천간 오행										
천간	갑甲	을乙	병丙	정丁	무戊	기己	경庚	신辛	임壬	계癸
오행	목木		화火		토土		금金		수水	
음양	+	−	+	−	+	−	+	−	+	−

① 갑甲은 읽을 때 갑목甲木이라 읽습니다. 오행으로는 목기운을 가지고 있으며, 음양으로는 양의 기운을 가지고 있다고 보시면 됩니다. 그래서 갑목甲木은 큰 나무로 이해합니다.

② 을乙은 읽을 때 을목乙木이라고 읽습니다. 오행으로는 목기운을 가지고 있으며, 음양으로는 음에 속합니다. 그래서 을목乙木은

작은 꽃나무로 이해합니다.

③ 병丙은 읽을 때 병화丙火라고 읽습니다. 오행으로는 화火기운을 가지고 있으며, 음양으로는 양에 속합니다. 그래서 병화丙火는 태양과 같은 큰 불기운으로 이해합니다.

④ 정丁은 읽을 때 정화丁火라고 읽습니다. 오행으로는 화火기운을 가지고 있으며, 음양으로는 음에 속합니다. 그래서 정화丁火는 촛불, 별, 달, 가로등과 같은 의미로 이해합니다.

⑤ 무戊는 읽을 때 무토戊土라고 읽습니다. 오행으로는 토土기운을 가지고 있으며, 음양으로는 양에 속합니다. 그래서 무토戊土는 넓은 대지, 광활한 영토 등으로 이해합니다.

⑥ 기己는 읽을 때 기토己土라고 읽습니다. 오행으로는 토土기운을 가지고 있으며, 음양으로는 음에 속합니다. 그래서 기토己土는 집 안의 정원이나 문전옥답으로 이해합니다.

⑦ 경庚은 읽을 때 경금庚金이라고 읽습니다. 오행으로는 금金기운을 가지고 있으며, 음양으로는 양에 속합니다. 그래서 경금庚金은 큰 칼이나 큰 바위로 이해합니다.

⑧ 신辛은 읽을 때 신금辛金이라고 읽습니다. 오행으로는 금金기운을 가지고 있으며, 음양으로는 음에 속합니다. 그래서 신금辛金은 작은 칼, 즉 수술용 칼로 이해합니다.

⑨ 임壬은 읽을 때 임수壬水라고 읽습니다. 오행으로는 수水기운을 가지고 있으며, 음양으로는 양에 속합니다. 그래서 임수壬水는 큰 바다, 큰 강 또는 큰 호수로 이해합니다.

⑩ 계癸는 읽을 때 계수癸水라고 읽습니다. 오행으로는 수水기운을 가지고 있으며, 음양으로는 음에 속합니다. 그래서 계수癸水는 시냇물 또는 옹달샘으로 이해합니다.

자신을 상징하는 천간 일원의 오행을 알아보셨나요? 그럼 천간에 이어 지지도 같이 살펴보도록 하겠습니다. 천간과 마찬가지로 지지도 오행 배속과 음양이 있습니다. 또한 지지의 물상은 우리가 흔히 알고 있는 바와 같이 12지신의 동물로 보시면 됩니다.

지지 오행												
지지	자子	축丑	인寅	묘卯	진辰	사巳	오午	미未	신申	유酉	술戌	해亥
오행	水	土	木	木	土	火	火	土	金	金	土	水
음양	+	−	+	−	+	−	+	−	+	−	+	−
동물	쥐	소	범	토끼	용	뱀	말	양	원숭이	닭	개	돼지
월	11월	12월	1월	2월	3월	4월	5월	6월	7월	8월	9월	10월
계절	겨울		봄			여름			가을			겨울

지지의 오행 배속

지지의 오행 배속은 천간보다 조금은 복잡해 보입니다. 그러나 계절이 바뀔 때마다 나타는 환절기가 있다는 것만 기억하시면 보다 쉽게 이해하실 수 있습니다. 명리학에서는 양력이 아니고 음력을 이용합니다. 그리고 이 점은 정말 많은 사람이 모르고 헷갈리는데, 명리학에서 해가 바뀌는 것은 음력 1월 1일이 아니라 입춘立春이 기준입니다.

봄, 여름, 가을, 겨울 4계절을 한 해로 보고 봄이 왔을 때 새해가 왔다고 생각합니다. 물론 아직도 절기상 동지冬至를 기준으로 하는 사람도 있지만, 대부분의 명리술사들은 입춘을 기준으로 해가 바뀐다는 것도 알아두시면 됩니다. 그럼 지지에 대해 알아보겠습니다.

① 자子는 읽을 때 자수子水라고 읽습니다. 오행으로는 수水기운에 속하고, 음양으로는 양의 기운입니다. 음력 11월에 해당하므로 계절로는 겨울이고, 쥐띠입니다.

② 축丑은 읽을 때 축토丑土라고 읽습니다. 오행으로는 토土기운에 속하는데 겨울에서 봄으로 넘어가는 환절기에 속합니다. 음양으로는 음의 기운입니다. 그래서 축축하고 차가운 땅을 의미합니다. 음력으로 12월에 해당하고, 소띠입니다.

③ 인寅은 읽을 때 인목寅木이라고 읽습니다. 오행으로는 목木기운

에 속하고, 음양으로는 양의 기운입니다. 음력 1월에 해당하므로 계절로는 봄이고, 용띠입니다.

④ 묘卯는 읽을 때 묘목卯木이라고 읽습니다. 오행으로는 목木기운에 속하고, 음양으로는 음의 기운입니다. 음력 2월에 해당하므로 계절로는 봄이고, 토끼띠입니다.

⑤ 진辰은 읽을 때 진토辰土라고 읽습니다. 오행으로는 토土기운에 속하고, 음양으로는 양의 기운입니다. 음력 3월에 해당하는데, 봄에서 여름으로 넘어가는 환절기에 속합니다. 만물을 소생시킬 수 있는 기름진 땅을 의미합니다. 용띠입니다.

⑥ 사巳는 읽을 때 사화巳火라고 읽습니다. 오행으로는 화火기운에 속하고, 음양으로는 음의 기운입니다. 음력 4월에 해당하므로 계절로는 여름이고, 뱀띠입니다.

⑦ 오午는 읽을 때 오화午火라고 읽습니다. 오행으로는 화火기운에 속하고, 음양으로는 양의 기운입니다. 음력 5월에 해당하므로 한여름을 의미합니다. 말띠입니다.

⑧ 미未는 읽을 때 미토未土라고 읽습니다. 오행으로는 토土기운에 속하고, 음양으로는 음의 기운입니다. 음력 6월에 해당하는데 여름에서 가을로 넘어가는 환절기로 물기가 없고 뜨거운 땅입니다. 그래서 미토未土는 조열燥熱하다고 합니다. 양띠입니다.

⑨ 신申은 읽을 때 신금申金이라고 읽습니다. 오행으로는 금金기운에 속하고, 음양으로는 양의 기운입니다. 음력 7월에 해당하므로 계절로는 가을이고, 원숭이띠입니다.

⑩ 유酉는 읽을 때 유금酉金이라고 읽습니다. 오행으로는 금金기운에 속하고, 음양으로는 음의 기운입니다. 음력 8월에 해당하므로 계절로는 가을이고, 닭띠입니다.

⑪ 술戌은 읽을 때 술토戌土라고 읽습니다. 오행으로는 토土기운에 속하고, 음양으로는 양의 기운입니다. 음력 9월에 해당하는데 가을에서 겨울로 넘어가는 환절기에 속하고 물기가 없고 자갈이 많은 땅으로 이해하시면 됩니다. 개띠입니다.

⑫ 해亥는 읽을 때 해수亥水라고 읽습니다. 오행으로는 수水기운에 속하고, 음양으로는 음의 기운입니다. 음력 10월에 해당하므로 겨울로 들어서는 때입니다. 돼지띠입니다.

이렇게 천간과 지지의 오행과 음양을 알아봤습니다. 앞서 언급한 바와 같이 지지의 경우 자수子水를 기준으로 하면 계절과 음양의 배속이 헷갈릴 수 있습니다. 그래서 음력 1월인 인목寅木을 시작으로 표를 다시 정리하면 오행과 계절의 배속을 보다 쉽게 이해하실 수 있습니다.

지지 오행												
지지	인寅	묘卯	진辰	사巳	오午	미未	신申	유酉	술戌	해亥	자子	축丑
오행	木	木	土	火	火	土	金	金	土	水	水	土
음양	+	−	+	−	+	−	+	−	+	−	+	−
동물	범	토끼	용	뱀	말	양	원숭이	닭	개	돼지	쥐	소
월	1월	2월	3월	4월	5월	6월	7월	8월	9월	10월	11월	12월
계절	봄			여름			가을			겨울		

특히 오행과 계절이 어떻게 배속되는지를 잘 이해하고 있는 것이 중요합니다. 나중에 신강한 사주인지 아니면 신약한 사주인지를 파악할 때 오행과 계절을 따져서 구분하기 때문입니다.

그런데 실제로 사주를 볼 때 조심해야 하는 것이 있습니다. 지지의 오행과 음양이 지금 설명한 대로 그대로 쓰이는 것이 아니라 해亥, 자子 그리고 사巳, 오午는 음양이 서로 바뀌게 됩니다. 즉, 실제 사주를 볼 때는 해亥가 양수로, 자子는 음수로, 사巳를 양화로, 오午를 음화로 본다는 것을 기억하시기 바랍니다.

실제로 사주를 볼 때의 음양을 다시 표시하면 다음과 같습니다.

지지 오행												
지지	인寅	묘卯	진辰	사巳	오午	미未	신申	유酉	술戌	해亥	자子	축丑
오행	木	木	土	火	火	土	金	金	土	水	水	土
음양	+	−	+	+	−	−	+	−	+	+	−	−
동물	범	토끼	용	뱀	말	양	원숭이	닭	개	돼지	쥐	소
월	1월	2월	3월	4월	5월	6월	7월	8월	9월	10월	11월	12월
계절	봄			여름			가을			겨울		

천간과 지지에 대해서는 그 의미를 이해하는 것이 중요합니다. 그러나 처음에는 이해가 잘 되지 않으니 일단은 외워두는 노력이 있어야 합니다.

2

사주원국에 대한 이해

사주팔자라는 말은 말 그대로 네 개의 기둥四柱과 천간과 지지에 속하는 여덟 글자八字를 말합니다. 네 개의 기둥은 태어난 연, 월, 일, 시를 말하고, 여덟 글자는 연월일시를 앞서 배운 60갑자로 표현한 것입니다. 흔히 말하는 것을 이름하야 사주원국 또는 사주명국이라고 합니다. 사주원국은 연주, 월주, 일주, 시주라고 각각을 부르고, 쓸 때는 우측부터 좌측으로 쓰는 것이 관례입니다.

사주원국			
시주	일주	월주	연주
시간	일간	월간	연간
시지	일지	월지	연지

명리학은 시대에 따라 그 해석방법이 달라졌습니다. 소위 옛날에 쓰던 방법을 구법舊法이라고 하는데 그때는 연지를 중심으로 해석을 했습니다. 우리가 지금 말하는 띠별로 운세를 파악하는 방법이었습니다.

그러나 이후 중국 송나라 시대에 서자평徐子平이라는 사람이 자평명리를 통해 일간을 중심으로 사주를 풀어가기 시작했습니다. 당시 사람들의 말을 들어보면 서자평은 간지의 생극제화生剋制化의 방법으로 운명을 예측했는데 기가 막히게 잘 맞췄다고 합니다. 지금 우리가 사용하고 있는 명리술도 서자평의 자평명리학에 기반을 두고 있습니다.

실제 만세력을 통해서 나온 것을 가지고 살펴보겠습니다.

다음 사주는 연주가 갑진甲辰, 월주는 무진戊辰, 일주가 임인壬寅, 시주도 임인壬寅으로 구성된 사주입니다. 앞서 설명한 대로 우측에서 좌측으로 사주가 나열되어 있습니다. 그리고 일간인 임수壬水가 사주의 핵심글자가 됩니다. 이 사주는 사실 제 사주입니다. 여기서 나를 특징짓는 하나의 글자를 말하라고 한다면 임수壬水가 됩니다. 사주의 구성을 보면 목木이 셋, 토土가 셋, 수水가 둘로 구성되어 있으며 화火와 금金은 사주에 없는 상태입니다.

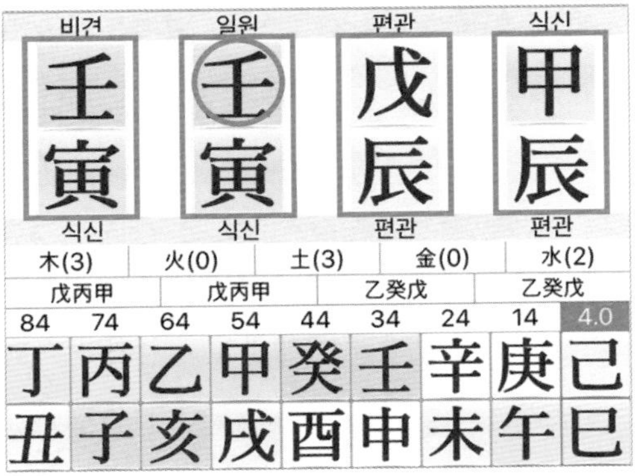

사주원국을 살펴보면 오행이 모두 잘 갖추어진 사람은 그다지 많지 않습니다. 하나 또는 둘의 글자가 빠져 있는 사람도 있고, 하나 또는 두 개의 오행만으로 구성된 사람들도 많이 있습니다. 각각의 오행들도 음양이 조화롭게 구성된 사람도 있지만 양의 글자 또는 음의 글자만으로 구성된 사람도 있습니다.

많은 사람이 의구심을 갖는 것 중 하나는 똑같은 사주를 가진 사람들은 같은 운명으로 살아가느냐 입니다. 예를 들어 몇 분 간격으로 태어난 쌍둥이들은 같은 사주를 타고났는데 서로 다른 운명으로 살아가는 것은 왜 그런지에 대한 궁금증도 있습니다.

하나씩 풀어보겠습니다. 먼저 사주팔자의 조합은 몇 개나 있을까요? 사주팔자의 조합은 연주(60개)×월주(12개)×일주(60개)×시주(12개)로 구성됩니다. 사주팔자의 모든 조합을 구해보면 총 51만 8,400개의 사주가 나옵니다. 여기에 남자와 여자가 구분되어야 하니 총 103만 6,800개의 조합이 됩니다. 우리나라 인구를 총 5천만 명이라고 할 때 같은 사주를 가지고 태어난 사람이 약 50명 정도가 된다고 보시면 됩니다.

그럼 50명이 같은 운명으로 살아가느냐는 겁니다. 결론적으로 보면 그렇지 않습니다. 개인의 운명보다는 국가의 운명이 우선하고, 또 개인의 운명보다는 사회의 운명이 우선하며, 개인의 운명보다는 개인이 속한 공동체, 즉 가정의 운명이 우선하기 때문입니다.

예를 들어 전쟁이 있었던 시기를 살았던 사람과 전쟁이 없었던 시기를 살았던 사람들은 분명히 다른 삶을 살았을 겁니다. 그리고 우리나라로 본다면 대한민국에서 태어난 사람과 북한에서 태어난 사람의 삶이 다를 겁니다. 또 지역사회에 따라 가치관이 달라질 수 있다는 점도 인정해야 합니다. 더 좁게는 첫째로 태어났는지 둘째로 태어났는지에도 영향을 받을 수 있습니다. 따라서 같은 사주를 가지고 태어났더라도 삶의 행로가 달라질 개연성은 충분히 그리고 너무도 많다는 점을 인정해야 합니다.

사주를 날씨라고 보면 우산 장수와 짚신 장수는 같은 사주, 즉 같은 날씨를 맞이합니다. 하지만 직업이라는 환경의 차이로 장마기간에 우산 장수는 돈을 벌고, 짚신 장수는 파리를 날릴 수 있습니다. 결국 같은 날씨(사주)라도 각자의 운명은 환경에 따라 바뀌는 것입니다. 하지만 환경이 달라도 사주를 통해 미래를 읽는다면 운명은 개척될 수 있습니다. 우산 장수는 지금이 제철이니 장사에 매진할 것이고, 장마기간을 미리 읽은 짚신 장수는 장사에 나가 날씨 탓을 하는 대신 장마가 그치고 짚신이 필요할 때를 대비하여 짚신을 만드는 것이 현명한 선택입니다.

사주는 정해진 운명으로 볼 수도 있지만, 그 보다는 길흉을 따져보고 그에 대처하는 방식으로 이해해야 합니다. 명리학은 미래를 족집게처럼 맞추는 그런 미신이 아닙니다. 사람을 우주의 한 부분으로 이해하고 그 사람이 받고 태어난 우주의 기를 합리적으로 해석하려고 노력하는 학문으로 보셔야 합니다.

3

특별히 치우친 오행의 사주

사주와 관련해 사람들이 반드시 물어보는 것 중 하나가 좋은 사주인가 아니면 나쁜 사주인가입니다. 그러나 다시 강조하지만 현대에는 좋은 사주도 없고 나쁜 사주도 없습니다. 모든 사주가 나름대로의 의미가 있습니다.

과거 봉건시대에는 양반으로 태어났느냐 아니면 평민 내지는 노비로 태어났느냐가 삶을 결정했습니다. 그리고 태어난 그 자리에서 자리 잡고 잘 사느냐 아니면 타향살이를 하느냐도 중요했구요. 안정적인 수입을 얻느냐 그렇지 않느냐도 지대한 관심사였습니다.

그러나 현대에는 안정적인 월급을 받는 것도 중요하지만 세상 여러 곳을 다니면서 사업을 하는 사람이 존경받기도 하고, 또 사회적으로 계급이 없어졌고 직업의 숫자도 헤아릴 수 없이 많아진 상황에서 누구 사주는 좋고 누구 사주는 나쁘다고 말할 수는 없다는 것이 중론입니다. 다만, 나에게 부족한 오행이 있다면 그 오행을 보충하려고 노력하고, 또 누구보다 강한 오행이 있다면 그 강한 오행을 통해서 자신의 삶을 개척해나가는 모습이 중요합니다.

우리는 각지고 굴곡이 많은 인생보다는 두루뭉술한 인생을 좋아합니다. 그러면서도 큰 성공을 거둔 삶을 동경하기도 합니다. 문제는 큰 성공을 거둔 사람들의 인생행로를 보면 죽을 만큼 힘든 시간을 견디고, 또 역경을 딛고 일어서는 드라마틱한 삶을 살아왔다는 겁니다.

음양오행이 고르게 잘 갖추어진 사주가 있는가 하면, 오행이 어느 한쪽으로 치우쳐진 사람도 있습니다. 오행이 잘 갖추어진 사람은 인생의 진폭이 작다고 볼 수 있습니다. 즉, 큰 고난이나 큰 성공보다는 잔잔한 삶을 살아갈 가능성이 큽니다. 그러나 오행이 한쪽으로 치우쳐진 사람은 강한 오행의 에너지, 그리고 결여된 오행의 기운 탓에 삶의 진폭이 커질 수 있습니다. 즉, 어려움에 처할 때는 큰 어려움에 처하고, 그 어려움을 딛고 일어설 때는 큰 성공을 거둘 가능성이 크다는 겁니다.

하나의 오행에 지나치게 치우친 사주를 한번 살펴보겠습니다. 이 사주는 인터넷에 많이 돌아다니는 사주입니다. 이명박 전 대통령의 사주로 금金이 넷이나 있고 나머지 오행이 하나씩 있는 사주입니다. 권력에 대한 집착이 매우 강한 사주입니다.

비견	일원	겁재	비견
辛	辛	庚	辛
卯	丑	子	巳
편재	편인	식신	정관

木(1)	火(1)	土(1)	金(4)	水(1)

甲 乙	癸辛己	壬 癸	戊庚丙

84	74	64	54	44	34	24	14	4.0
辛	壬	癸	甲	乙	丙	丁	戊	己
卯	辰	巳	午	未	申	酉	戌	亥

다음은 화火기운이 많은 방송인의 사주를 보겠습니다. 이 사주는 화火가 다섯에 목, 화, 수가 하나씩 있고 금金은 없는 사주입니다. 바싹 마르고 뜨거운 사주로 시간에 있는 작은 물인 계수癸水가 마르지 않

도록 해서 건강을 지키는 것이 우선인 사주이고, 사람들에게 관심을 받는 것을 직업으로 삼고 살아가는 사주입니다.

정관	일원	비견	상관
癸	丙	丙	己
巳	午	寅	巳
비견	겁재	편인	비견

木(1)	火(5)	土(1)	金(0)	水(1)

戊庚丙	丙己丁	戊丙甲	戊庚丙

86	76	66	56	46	36	26	16	6.0
乙	甲	癸	壬	辛	庚	己	戊	丁
亥	戌	酉	申	未	午	巳	辰	卯

다음은 토土 기운이 사주를 살펴보겠습니다. 이 사주는 토土가 무려 여섯 개입니다. 그리고 화, 수가 각각 하나씩 있으며 목木과 금金기운은 아예 없는 사주입니다. 이 경우도 계수癸水를 지켜 건강을 살펴야 하지만, 워낙 토기운이 강한 사주라 토기운을 따라가야 하는 사주입니다.

이렇게 한쪽으로 치우친 사주를 편고偏枯된 사주라고 합니다. 편고된 사주라고 할지라도 대운을 흐름에 따라서 운명의 행로가 달라질 수 있습니다. 즉, 나에게 결여된 오행이 대운을 통해서 보충될 수도 있고, 또 나에게 지나치게 많은 오행이 대운에 따라서 제어될 수도 있습니다. 그래서 사주팔자는 시간이 흘러감에 따라 천변만화千變萬化한다고 합니다.

정관	일원	정관	편관
戊	癸	戊	己
午	丑	辰	未
편재	편관	정관	편관

木(0)	火(1)	土(6)	金(0)	水(1)

丙己丁	癸辛己	乙癸戊	丁乙己

84	74	64	54	44	34	24	14	3.6
己	庚	辛	壬	癸	甲	乙	丙	丁
未	申	酉	戌	亥	子	丑	寅	卯

4

경차에 고속도로인가 고급차에 시골길인가?

사주를 해석할 때 사주원국을 중심으로 보는 것은 기본입니다. 그러나 인간의 삶이란 시간의 흐름에 따라 운이 달라지기도 합니다. 여기서 말하는 운이란 크게 10년마다 변하는 대운大運과 매년 찾아오는 세운歲運을 말합니다. 대운과 세운의 움직임은 60갑자의 순서대로 움직이는 것이 기본입니다. 그러나 남자인 경우와 여자인 경우, 그리고 연간이 양의 글자인 경우와 음의 글자인 경우에 따라 순행順行 또는 역행逆行을 하게 됩니다. 순행이란 원래 순서대로 대운이 나열되는 것이고 역행이란 원래 순서의 반대로 대운이 나열되는 겁니다.

만세력을 통해서 사주를 세우면 자동으로 대운과 세운이 나열되지만 대운의 흐름은 양남음녀陽男陰女, 즉 남자에게 연간이 양의 글자인 경우와 여자에게 연간이 음의 글자인 경우에는 대운은 순행을 하며, 음남양녀陰男陽女, 즉 남자에게 연간이 음의 글자인 경우와 여자에게 연간이 양의 글자인 경우에는 역행을 하게 됩니다.

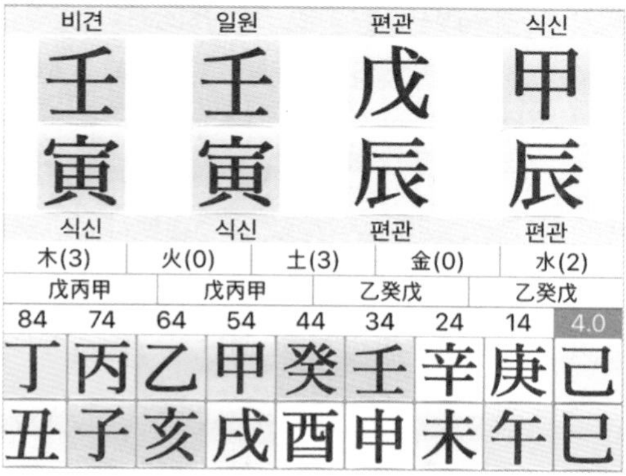

위 사주는 남자 사주로 연간이 갑목甲木으로 양의 글자입니다. 그러면 월주인 무진戊辰 다음인 기사己巳, 경오庚午, 신미辛未 순으로 순행합니다. 대운수인 4.0, 14, 24 등은 대운이 바뀌는 시기를 말합니다. 즉, 4세, 14세, 24세를 기준으로 대운이 바뀌게 됩니다.

다음은 남자 사주로 연간이 음의 글자인 을목乙木입니다. 그러면 월주인 무인戊寅부터 역행해서 정축丁丑, 병자丙子, 을해乙亥 순으로 대운이 변합니다. 그리고 대운은 7세, 17세, 27세를 기준으로 바뀌게 됩니다.

겁재	일원	식신	정인
丁	丙	戊	乙
酉	辰	寅	未
정재	식신	편인	상관
庚 辛	乙癸戊	戊丙甲	丁乙己

木(2)	火(2)	土(3)	金(1)	水(0)

87	77	67	57	47	37	27	17	6.6
己	庚	辛	壬	癸	甲	乙	丙	丁
巳	午	未	申	酉	戌	亥	子	丑

여자의 사주는 남자의 사주와 반대로 연간이 양의 글자인 경우에는 역행을, 연간이 음의 글자인 경우에는 순행을 합니다. 다음 사주는 여자 사주로 연간이 음의 글자인 기토己土입니다. 그래서 월주인 병인丙寅으로부터 순행해서 정묘丁卯, 무진戊辰의 순서로 대운이 흘러갑니다. 그리고 이 사주의 대운수는 6세 대운입니다.

정관	일원	비견	상관
癸	丙	丙	己
巳	午	寅	巳
비견	겁재	편인	비견

木(1)	火(5)	土(1)	金(0)	水(1)

戊庚丙	丙己丁	戊丙甲	戊庚丙

86	76	66	56	46	36	26	16	6.0
乙	甲	癸	壬	辛	庚	己	戊	丁
亥	戌	酉	申	未	午	巳	辰	卯

다음 사주는 여자 사주로 연간이 임수壬水 양의 글자입니다. 그래서 월주인 계축癸丑부터 역행을 해서 임자壬子, 신해辛亥, 경술庚戌 순으로 대운이 흘러가고 대운이 바뀌는 시기는 매 3세 때입니다.

편재	일원	정관	편관
庚	丙	癸	壬
寅	申	丑	申
편인	편재	상관	편재

木(1)	火(1)	土(1)	金(3)	水(2)

戊丙甲	戊壬庚	癸辛己	戊壬庚

83	73	63	53	43	33	23	13	3.3
甲	乙	丙	丁	戊	己	庚	辛	壬
辰	巳	午	未	申	酉	戌	亥	子

대운이 정해지고 또 운이 흘러가는 것이 처음에는 혼란스러워

보이지만 걱정하지 않아도 됩니다. 대운이 흘러가는 원칙이 있다는 사실만 기억하면 됩니다. 요즘에는 만세력 프로그램에서 자동적으로 대운에서 세운까지 만들어주기 때문입니다. 세운은 매년 찾아오는 해의 간지干支를 말합니다.

여기서 하나 알고 넘어가야 하는 것이 있습니다. 어떤 사람의 사주가 신약한데 재물운이나 명예운이 없다고 해봅시다. 그러면 이 사람은 살아가는 내내 재물도 모으지 못하고 명예도 얻지 못할까요? 절대로 그렇지 않습니다. 바로 나에게 필요한 대운이나 세운이 왔을 때 내가 취할 수 있는 것을 얻을 수 있기 때문입니다.

대운이 흘러가는 흐름에 따라서 신약했던 사람이 사주를 보충해서 신강한 운으로 변할 수도 있고, 재물운이 없었던 사람도 대운에 따라 재물이 들어오는 운으로 바뀔 수 있습니다. 다만 사주원국에 재물이 없는 경우라면 그 대운을 맞이할 때에 한해서 재물이나 명예를 취할 수 있는 겁니다.

반대로 사주원국은 재물과 명예를 가질 수 있는 사주지만, 대운이 그것을 실현시키지 못하는 운으로 흘러가는 사람도 있습니다. 이럴 경우에는 자신의 명을 실현할 기회를 얻지 못하는 수도 있습니다.

명리학에서는 이런 말을 합니다. 사주원국은 에쿠스 같은 대형차인데 대운의 흐름이 비포장도로를 만나는 경우와 사주원국은 모닝 같은 경차인데 대운의 흐름은 고속도로 같은 탄탄대로를 만나는 경우 과연 어떤 것이 더 좋을까 입니다.

사람에 따라서 의견이 달라질 수 있겠지만 대체적인 의견은 사주원국은 조금 모자란 듯해도 대운의 흐름이 초년부터 말년까지 이로운 방향으로 흘러가는 것이 더 좋다는 겁니다.

아무리 좋은 차라 하더라도 그 성능을 충분히 발휘하지 못하는 상황이 온다면 아무런 쓸모가 없게 됩니다. 그러나 대부분의 경우 인생 초반이 좋은 운으로 흘렀다면 인생 후반은 나쁜 운으로 흐를 가능성이 크고, 인생 초반이 나쁜 운으로 흘러 고생했다면 인생 후반은 좋은 운으로 흘러 보상을 받는 구조를 갖게 됩니다.

인생 전체가 계속 나쁘거나, 반대로 계속 좋거나 하는 운은 흔치 않은 경우로 보시면 됩니다. 그래서 옛 어른들이 인생은 살아봐야 알 수 있다고 했습니다. 지금 힘들다고 해서 실망할 필요도 없고, 지금 잘나간다고 해서 교만해질 이유도 없습니다. 인생의 부침은 대운의 흐름에 달려 있다고 보시면 됩니다.

실전연구

내 사주에서 대운 확인하기

본인의 사주를 만세력을 통해 세워보셨나요? 사주원국과 함께 대운의 흐름도 나올 것입니다. 지금은 대운의 흐름이 어떤 의미를 갖는지 모호할 수 있습니다. 먼저 나는 몇 살에 대운이 바뀌는지를 보시고 내 대운이 순행하는지 아니면 역행하는지를 찾아보시기 바랍니다.

모든 공부의 첫걸음은 해당 분야에서 쓰이는 용어와 친해지는 겁니다. 마음이 급하다보면 나도 빨리 사주를 풀어볼 수 있었으면 하는 조급함이 생깁니다. 실을 바늘귀에 꿰어야지 바늘허리에 묶어서는 바느질을 할 수 없습니다. 조금만 참고 찬찬히 따라오다 보면 스스로 사주 해석을 하는 날이 반드시 올 것입니다.

사주는 수학처럼 공식으로 풀 수 있는 것이 아닙니다. 지금은 사주의 구성과 대운의 흐름 정도만 이해하시면 됩니다. 그럼 제 사주를 통해서 대운의 흐름을 살펴보도록 하겠습니다.

비견	일원	편관	식신
壬	壬	戊	甲
寅	寅	辰	辰
식신	식신	편관	편관

木(3)	火(0)	土(3)	金(0)	水(2)

戊丙甲	戊丙甲	乙癸戊	乙癸戊

84	74	64	54	44	34	24	14	4.0
丁	丙	乙	甲	癸	壬	辛	庚	己
丑	子	亥	戌	酉	申	未	午	巳

앞서도 살펴본 바와 같이 제 사주는 금기운과 화기운이 없는 사주입니다. 그러나 대운은 초반부터 화대운과 금대운이 있습니다. 특히 사주에 반드시 필요한 것은 금대운인데 14세부터 53세까지 금대운이 이어져 신약한 사주를 보충해주고 있습니다. 64세부터 20년간은 신약한 사주에 필요한 수대운이 흘러갑니다.

뒤에서 설명하겠지만 이 사주에서 재물운은 화기운입니다. 일반적으로 재물운은 내가 극을 하는 오행입니다. 일원이 수기운이면 화기운이 재물이되고(수극화水剋火), 일원이 금기운이면 목기운이 재물이 되고(금극목金剋木), 일원이 토기운이면 수기운이 재물이 되며(토극수土剋水), 일원이 목기운이면 토기운이 재물이 되고(목극토木剋土), 일원이 화기운이면 금기운이 재물이 됩니다(화극금火剋金).

이런 점을 통해서 본다면 제 사주에서는 23세까지 흘러가는 화대운이 왔는데 어린 나이에 무슨 재물을 모았겠습니까? 이때는 친구들과 어울려 돌아다니며 노는 행동을 대신 하게 됩니다. 그리고 74세부터 20년간 재물운인 화기운이 들어옵니다. 100세 시대를 감안하더라도 너무 늦게 재물운이 들어오는 것이죠.

사주를 해석할 때 본인의 입장에서 재물운은 재물이 들어오는 것을 의미하기도 하지만, 자신이 기울인 노력의 결실로 볼 수 있습니다. 그런 점에서 본다면 제 사주는 사주원국에 재물이 없으니 공부를 해도 큰 결실을 맺지 못하는 사주로 볼 수 있습니다. 그저 아웅다웅하지 않고 마음 편히 세끼 밥 먹으면서 오랜 시간 공부하면서 살면 되는 사주랍니다.

5장

사주 해석의 핵심 음양오행

1

햇볕과 그늘
음양의 이해

명리학의 가장 기초적인 이론 기반은 바로 음양陰陽과 오행五行에 있습니다. 우리나라 사람이라면 음양오행陰陽五行이란 말 정도는 들어본 적이 있을 겁니다. 정확한 의미는 몰라도 대략의 느낌은 머릿속으로 그려볼 수 있습니다.

그럼 중국 고대철학의 중요한 개념 중 하나인 음양부터 살펴보겠습니다. 음양의 핵심적인 개념은 음과 양이 따로 떨어져 있는 것이 아니고 동전의 양면처럼 하나가 있으면 다른 하나가 상대적으로 존재한다는 겁니다.

예를 들어 햇볕이 드는 곳이 있으면 반드시 그늘진 곳이 있습니다. 그러면 햇볕이 드는 곳은 양이고 그늘진 곳은 음으로 인식합니다. 이런 개념이 확장되면서 따듯한 것은 양, 차가운 것은 음이 되고, 동쪽과 남쪽은 양, 서쪽과 북쪽은 음이 되며, 위쪽은 양, 아래쪽은 음이 되는 등 서로 상대되는 개념으로 존재합니다.

음과 양은 절대적인 개념이 아니고 상대적인 개념이라는 데 주목해야 합니다. 음과 양은 서로 대립되는 것처럼 보이기도 하지만 세상만물 속에 존재하는 두 가지 측면의 상대적 개념이기도 합니다.

사주에서 양의 글자가 많은 사람을 상대적으로 능동적이고 진취적인 사람으로 보고, 음의 글자가 많은 사람을 수동적이며 조심스러운 사람으로 봅니다. 문제는 음양은 상대적 개념이기 때문에 능동적이고 진취적인 것은 좋고 수동적이고 조심스러운 것은 나쁘다는 식의 흑백논리로 해석해서는 안 됩니다.

능동적이고 진취적인 것은 좋은 점도 있지만 나쁜 점도 있습니다. 스스로 알아서 행동하니 좋아 보여도 나쁘게 보면 제멋대로 일을 하는 망나니로 보일 수도 있습니다. 또 수동적이고 조심스러운 것도 나쁘게 보면 소심하고 자기주장이 없어 보일지 몰라도 좋게 보면 매사에 심사숙고하는 조직의 숨은 실력자와 같은 의미를 갖게 됩니다.

이처럼 음양을 도식화하는 것은 무리가 있지만 쉽게 이해하기 위해서 다음과 같이 구분할 수 있습니다. 물론 이같이 구분하는 것보다 더 다양한 분류방법이 있다는 것을 이해하는 것이 중요합니다.

음양의 개념							
	사람	밤낮	사물	특성	상하	방위	시공간
음(陰) : 그늘진 곳	여자	밤	물	부드러움	아래쪽	좌측	공간
양(陽) : 양지바른 곳	남자	낮	불	단단함	위쪽	우측	시간

중국 북송시대의 유학자 주돈이周敦頤는 태극도를 그려서 사람들에게 태극, 음양, 오행을 설명하려고 했습니다. 말로 설명하기 어려운 경우 간단한 그림을 통해서 보다 쉽게 이해시킬 수 있습니다. 잠시 주돈이의 태극도를 보겠습니다.

무극이면서 태극이 있습니다. 태극기의 태극은 빨간색과 파란색이 위아래로 그려져 있어 태극의 음양이 나뉜다고 생각하기 쉽지만, 태극은 음과 양으로 나누어지기 전에 음양이 혼재된 상태로 보셔

주돈이의 태극도

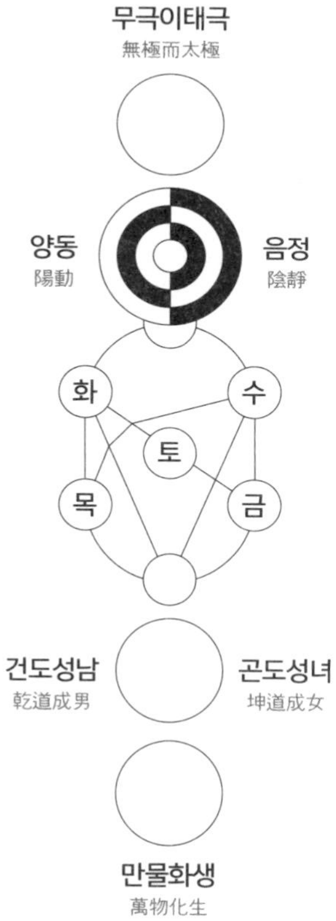

야 합니다. 음이 자라나면 양이 작아지고 또 음이 극에 달하면 양의 기운이 태동하며, 양이 자라나면 음이 작아지고 또 양이 극에 달하면 음이 생겨나는 모습을 그림으로 표시한 것이 태극입니다.

이 말은 계절로 옮기면 다음과 같습니다. 겨울에 시작한 양의 기운은 봄을 지나 여름의 정점인 하지夏至에 이르러 양의 기운이 극에 달하지만 하지를 시작으로 음의 기운이 태어나 가을과 겨울로 나아갑니다. 반대로 겨울의 정점은 동지冬至입니다. 동지에는 온통 음의 기운으로 넘칠 듯하지만, 이때 양의 기운이 태동해서 서서히 음의 기운을 누르고 봄과 여름으로 나아갑니다.

사람의 인생도 그렇습니다. 내가 떵떵거리고 잘나갈 때 서서히 내려올 준비를 하지 않는다면 한순간에 나락으로 떨어질 가능성이 커지고, 내가 절망의 밑바닥에서 힘들 때도 희망을 버리지 않고 노력한다면 반드시 재기하게 되는 겁니다. 이것이 바로 음양의 소장消長, 즉 음양이 서로 커지고 작아지고 하는 것을 의미하는 겁니다.

태극에서 음양이 태어나고, 음양의 작용으로 말미암아 목화토금수木火土金水 오행이 생겨나며, 오행의 기운이 작용해서 사람이 존재하게 되고, 또 만물이 존재하게 되는 이치를 설명한 것이 주돈이의 태극도입니다.

사주를 해석할 때 초심자들이 많이 하는 실수 중 하나는 바로 음양을 제대로 살피지 않는다는 겁니다. 사주팔자 여덟 글자 중 양의 글자와 음의 글자가 어떻게 조화를 이루고 있는지를 살펴보는 것이 첫 번째 작업이 되어야 합니다. 어떤 사람은 양의 글자만으로 구성된 사람이 있고, 또 다른 사람은 음의 글자만으로 구성된 사람이 있습니다. 물론 음양이 적절히 조화를 이룬 사람도 있습니다.

실전연구

내 사주에서 음양 확인하기

내 사주에 음의 글자와 양의 글자가 어떻게 조화를 이루고 있는지를 살펴보기 위해 앞에서 살펴본 천간과 지지의 음양과 오행을 정리한 표를 다시 보겠습니다.

만세력으로 알아본 내 사주원국에서 천간과 지지에 몇 개의 음의 글자가 있고 몇 개의 양의 글자가 있는지 살펴보시길 바랍니다.

천간의 음양										
천간	갑甲	을乙	병丙	정丁	무戊	기己	경庚	신辛	임壬	계癸
오행	목木		화火		토土		금金		수水	
음양	+	−	+	−	+	−	+	−	+	−

지지의 음양												
지지	인寅	묘卯	진辰	사巳	오午	미未	신申	유酉	술戌	해亥	자子	축丑
오행	목木	목木	토土	화火	화火	토土	금金	금金	토土	수水	수水	토土
음양	+	−	+	+	−	−	+	−	+	+	−	−

다음 사주는 양의 글자들로만 구성된 사주입니다. 소위 양팔통陽八通 사주라고 합니다. 양의 기운으로만 구성되어 있으니 성격이 아주 적극적이고 남에게 굽히는 것을 몹시 싫어합니다. 성격은 급하고 주관도 뚜렷한 것이 특징입니다. 그러나 실수를 많이 하게 되는 단점도 있습니다.

비견	일원	편관	식신
壬	壬	戊	甲
寅	寅	辰	辰
식신	식신	편관	편관

木(3)	火(0)	土(3)	金(0)	水(2)

戊丙甲	戊丙甲	乙癸戊	乙癸戊

84	74	64	54	44	34	24	14	4.0
丁	丙	乙	甲	癸	壬	辛	庚	己
丑	子	亥	戌	酉	申	未	午	巳

다음 사주는 음의 글자로만 구성된 음팔통陰八通 사주입니다. 음팔통 사주는 온화하며 자상한 마음의 소유자 일 수 있습니다만, 결단력이

부족한 단점도 있습니다. 또한 음양으로 볼 때 남자는 양陽, 여자는 음陰으로 보기 때문에 남자가 양팔통일 경우와 여자가 음팔통인 경우 음과 양의 기운이 극단적으로 치우쳤다고 봅니다.

편관	일원	편재	편관
癸	丁	辛	癸
卯	未	酉	丑
편인	식신	편재	식신

木(1)	火(1)	土(2)	金(2)	水(2)

甲 乙	丁乙己	庚 辛	癸辛己

80	70	60	50	40	30	20	10	0.0
壬	癸	甲	乙	丙	丁	戊	己	庚
子	丑	寅	卯	辰	巳	午	未	申

사주는 음과 양이 조화를 이루는 것이 중요합니다. 그래야 조화롭고 부드러운 삶을 살 수 있습니다. 그러나 양팔통 내지는 음팔통과 같이 한쪽으로 치우친 사주는 남들보다 상대적으로 인생의 굴곡이 큰 삶

을 맞이할 가능성이 큽니다. 즉, 크게 망가지고 크게 일어서는 일이 많은 것으로 이해하시면 됩니다.

2

오행이란 무엇인가?

오행五行이란 음양의 작용으로 생성된 우주 만물의 재료로 이해하시면 됩니다. 우리가 사는 세상을 둘러보면 만물이 오행의 재료들로 구성되어 있다는 것을 알게 됩니다.

명리학도 사실은 한 사람이 태어날 때 오행의 어떤 기운들을 받고 태어났느냐를 통해서 그 사람의 인생을 파악하고 이해하려고 노력하는 학문입니다. 어떤 사람은 목기운을 많이 받고 태어났고 또 어떤 사람은 화기운을 많이 받고 태어났느냐 아니면 고르게 오행의 기를 받고 태어났느냐를 통해 운명을 판단합니다.

그럼 만세력의 내 사주원국에 나온 오행의 숫자를 통해 나는 어떤 특성을 많이 받고 태어났는지 확인해보시길 바랍니다. 오행의 특성들을 하나씩 살펴보겠습니다.

오행의 특성과 작용

① 목木기운은 봄의 기운, 생기生氣, 발생發生, 생장生長, 시작하는 기운입니다. 물상으로 보면 봄의 초목草木이 됩니다.

목기운의 작용으로 다음과 같은 기질을 볼 수 있습니다. 1) 새로운 일에 대한 기획, 창의적인 일, 새로운 분야의 개척, 장기적인 계획, 진취적이고 미래지향적인 성격, 젊은 기운 2) 새로운 지식에 대한 왕성한 욕구 및 보급 3) 키우고 기르는 일을 의미하므로 교육자적인 기질로 봄 4) 목기운이 과다할 경우 일만 추진하고 결실이 없음, 반대로 목기운이 약할 경우 진취성이 결여됨 5) 인仁의 성품을 지님 6) 직업으로는 교육, 출판, 언론, 건축, 사람을 상대하는 일 등이 있습니다.

② 화火기운은 여름의 기운, 발산하는 기운, 기의 확산 및 확대, 결실의 기운입니다. 물상으로 보면 빛 또는 온기가 됩니다.

화기운의 작용으로 다음과 같은 기질을 볼 수 있습니다. 1) 일에 대한 표현, 표출하려는 성향, 결과보다는 외형을 중요시함, 화려함을 중요시함 2) 추진력, 판단력, 적극적인 기질이 강함 3) 현실지향적 성향, 명랑, 쾌활, 밝음, 질서, 순서 4) 화기운이 과다할 경우 외형만 화려할 뿐 내실이 부족함, 화기운이 적을 경우 현실성 및 추진력이 결여됨 5) 예禮를 중시하는 성품을 지님 6) 직업으로는 방송, 예술, 종교, 정신적인 일, 전기전자 관련 업무 등이 있습니다.

③ 토土기운은 음양이 교체되는 시기의 중립적인 기운, 조절 및 완충작용의 기운입니다. 물상으로 보면 대지大地, 하늘과 만물을 연결하는 가교 역할이 됩니다.
토기운의 작용으로 다음과 같은 기질을 볼 수 있습니다. 1) 중용지도中庸之道, 신중성, 모든 것을 받아들이고 길러내는 특성 2) 주어진 일에 대한 유지, 보존적 성향, 보수적 기질 3) 수동적이며 목기운이나 화기운에 비해 진취성이 떨어짐, 가정적이나 개혁 의지는 약함 4) 토기운이 과다할 경우 지나치게 보수적이고 옹고집 성향을 보이고 변화를 꺼려함, 토기운이 부족할 경우 시작만 있고 결과는 보잘것없게 됨 5) 신의信義, 즉 믿음과 의리,

성실성, 정직, 관대함의 성품을 지님 6) 직업으로는 부동산, 종교, 교육 등과 관련된 일이 있습니다.

④ 금金기운은 가을의 기운, 숙살肅殺의 기운, 초목의 결실을 주관하는 기운입니다. 물상으로 보면 바위 또는 쇠가 됩니다.

금기운의 작용으로 다음과 같은 기질을 볼 수 있습니다. 1) 결과주의자로 장기적인 계획보다는 수년 안에 나타날 결과를 중시함 2) 비판적, 냉소적, 결단력, 냉철함, 분석적이고 논리적인 기질 3) 항상 긴장된 성격, 자신과 다른 사람을 긴장시키는 성향, 신중함, 자신을 잘 드러내지 않음 4) 금기운이 과다할 경우 지나치게 비판적이고 외고집, 다툼, 분쟁, 파괴적 성향을 나타냄, 금기운이 부족할 경우 결단력이나 추진력이 약하고 우유부단함 5) 의義를 중요시하는 성품, 시비를 가리기를 좋아함 6) 직업으로는 문과인 경우에는 법조계, 군인, 경찰, 경영, 경제 분야. 이과인 경우에는 전기전자, 의학, 제약, 생명공학, 자동차, 음향과 관련된 일 등이 있습니다.

⑤ 수水기운은 겨울의 기운, 축장蓄藏, 갈무리하는 기운, 봄을 준비하는 기운입니다. 물상으로 보면 생명, 만물 생장의 원동력, 바

다, 강, 이슬 등이 됩니다.

수기운의 작용으로 다음과 같은 기질을 볼 수 있습니다. 1) 신중하고 겸손함, 유연한 자세, 인내와 침묵 2) 교육적 기질, 봉사적 기질 3) 유동적, 융통성, 인내심, 겸손, 지구력, 임기응변, 친화력 4) 수기운이 과다할 경우 유동적이고 방황하거나 주거가 불안정해짐, 수기운이 부족할 경우 답답하고 고지식하며 질병으로 고생하게 됨 5) 지혜智慧, 예지능력이 있고 사색, 정보력 등에서 뛰어남 6) 직업으로는 해외, 유통, 음식 등과 관련된 일이 있습니다.

오행의 특성과 작용력에 대해 살펴봤습니다. 이밖에도 오행을 중심으로 방위, 천간 및 지지의 글자, 계절, 색상, 맛, 인체장기 등을 분류하기도 합니다. 이런 성질들을 잘 알고 있어야 사주를 보다 입체적으로 해석할 수 있고 사주 공부도 더욱 재미있게 할 수 있습니다.

간단히 정리해보도록 하겠습니다.

오행의 성질					
오행	목木	화火	토土	금金	수水
방위	동쪽	남쪽	중앙(가운데)	서쪽	북쪽
천간	갑甲, 을乙	병丙, 정丁	무戊, 기己	경庚, 신辛	임壬, 계系
지지	인寅, 묘卯	사巳, 오午	진술축미 辰戌丑未	신申, 유酉	해亥, 자子
계절	봄	여름	중간단계	가을	겨울
색상	청색	적색	황색	백색	흑색
맛	신맛	쓴맛	단맛	매운맛	짠맛
장기	간, 담	심장, 소장	비위, 위장	폐, 대장	신장, 방광

오행으로 보는 사주분석

오행을 통해 사주를 입체적으로 해석하는 예를 살펴보도록 하겠습니다. 다음에 살펴볼 사주는 화기운이 강하고 금기운이 없는 사주입니다. 이 사람의 성격적인 특성은 화기운이 많아 예의가 밝은 편이지만 금기운이 없는 관계로 결단력은 부족할 수 있는 사람입니다.

오행을 통해서 볼 때 많은 것이 병이 될 수도 있고, 또 없는 것이 병이 될 수도 있습니다. 반대로 강한 오행을 따라가면 직업적으로 성공할 수도 있는 겁니다.

정관	일원	비견	상관
癸	丙	丙	己
巳	午	寅	巳
비견	겁재	편인	비견

木(1)	火(5)	土(1)	金(0)	水(1)

戊庚丙	丙己丁	戊丙甲	戊庚丙

86	76	66	56	46	36	26	16	6.0
乙	甲	癸	壬	辛	庚	己	戊	丁
亥	戌	酉	申	未	午	巳	辰	卯

건강을 예를 들어보면 이 사람은 화기운이 강한데 수기운이 약합니다. 자칫하면 물이 증발되어 사라질 수도 있습니다. 그러므로 신장, 방광 등의 질병을 조심해야 합니다. 부족한 수기운을 보충하기 위해 검은색 옷을 입으라는 등의 처방은 잘못된 처방입니다. 수기운을 보충하기 위해서는 가장 좋은 것이 해외를 넘나드는 겁니다. 바다를 넘나들 때 수기운을 얻을 수 있고 또한 밤에 잠을 잘 자는 것이 필요합니다. 밤 시간은 해亥, 자子, 축丑 시로 밤 9시부터 새벽 3시까지는 숙면을 취하는 것이 좋습니다. 그리고 음식은 검은콩이나 검은깨 같은 곡물을 섭취하면 도움이 될 수 있습니다. 대체로 사람의 오행을 통해서 이런 설명이 가능합니다.

3

오행 상생의 의미와 작용

오행 상생의 의미

상생相生과 상극相剋이란 말은 우리 삶에 너무도 깊숙이 들어와 있습니다. 정치인들은 틈만 나면 상생하자고 말하고, 서로 사이가 좋지 않은 사람들 간에는 "우리는 상극이야"라는 말을 합니다. 그렇다면 상생과 상극은 어떤 의미를 담고 있는지 알아보겠습니다.

오행의 상생이란 목생화木生火, 화생토火生土, 토생금土生金, 금생

수金生水, 수생목水生木 등으로 알려져 있습니다. 이것을 그림으로 살펴보면 쉽게 이해할 수 있습니다. 다음 그림에서 보이는 바와 같이 나무는 불을 살리고, 불은 땅을 살리며, 땅은 금을 만들어내고, 금은 물을 살려내며, 물은 다시 나무를 살려내는 것을 말합니다.

오행의 상생

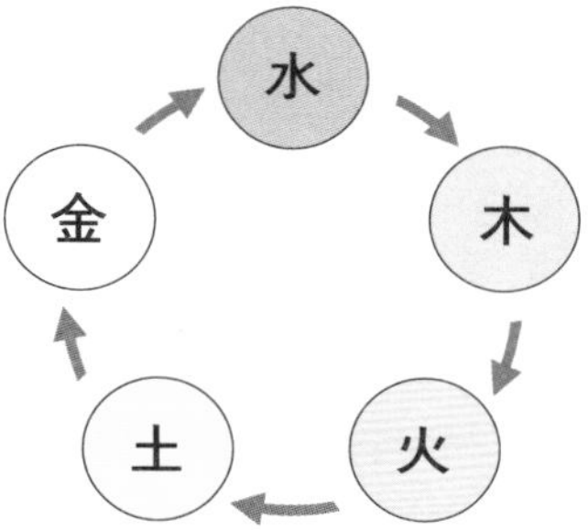

이것을 좀 더 쉽게 설명하면 다음과 같습니다.

① 목생화木生火 : 나무가 있어야 불의 쓰임새가 있습니다.

② 화생토火生土 : 햇볕을 받은 땅은 단단해져 쉽게 무너지지 않습니다.

③ 토생금土生金 : 땅 속에서는 금속을 캐낼 수 있습니다.

④ 금생수金生水 : 금은 물속에서 놀기를 좋아합니다. 즉, 금은 물이 있어야 예리해집니다.

⑤ 수생목水生木 : 물은 나무를 무럭무럭 자라게 합니다.

이를 통해서 보면 상생이란 개념이 우리가 알고 있는 개념과는 조금 다릅니다. 즉, 서로 생한다는 말은 너도 살고 나도 살고 이렇게 알고 있습니다. 하지만 상생의 진정한 의미는 내가 상대에게 뭔가를 주고 또 상대로부터 뭔가를 받는 것이 아닙니다. 나는 일방적으로 상대에게 도움을 주기만 하면 상대는 다른 상대에서 도움을 주고, 다른 상대는 또 다른 상대에 도움을 주는 것이 이어지면서 결국 그 보상을 나도 받게 된다는 의미입니다. 즉, 상생이란 "Give and Take"가 아니라 "Only Give"인 것이죠. 세상 모든 사람들이 덕을 쌓아나가면 우리 삶이 편해진다는 의미로 보시면 됩니다.

균형이 무너지면 상생이 어렵다

문제는 상생이 오히려 상대를 망가뜨리는 기능도 한다는 것입니다. 이런 경우 상생에 반한다고 해서 반생反生이라고 합니다.

예를 들어 부모가 자녀들에게 아무런 불편 없이 도움만 준다면 자녀들은 거의 '마마보이' 또는 '파파걸'이 되어 스스로 아무것도 할 수 없는 사람이 되는 것과 같은 이치가 상생에 숨어 있습니다.

① 목다화식木多火熄 : 나무가 너무 많으면 오히려 불을 꺼지게 합니다.
② 화다토척火多土瘠 : 불이 너무 많으면 땅이 메마르고 척박해집니다.
③ 토다금매土多金埋 : 흙이 너무 많으면 금이 흙 속에 묻혀 보석의 진가를 잃어버립니다.
④ 금다수탁金多水濁 : 쇠가 너무 많으면 물이 탁해져 마시지 못하게 됩니다.
⑤ 수다목부水多木浮 : 물이 지나치게 많으면 나무가 물에 떠서 뿌리를 내리지 못합니다.

내가 약할 때 남을 도우면 나도 망가진다

상생이 반드시 좋은 작용만을 하지 않는다는 것은 반생反生을 통해서 알아봤습니다. 그럼 이런 것은 어떤가요? 내게는 별로 능력이 없는데 남을 도와주는 경우 말입니다.

나도 찢어지게 가난한데 굳이 다른 사람을 돕겠다고 나서면 남을 돕다가 망하는 경우도 생기게 됩니다. 이런 경우를 반극反剋이라고 합니다. 어떤 의미인지 살펴보겠습니다.

① 목다수축木多水縮 : 나무가 너무 많고 물이 너무 적으면 적은 물로 나무를 길러낼 수 없습니다. 즉, 물이 너무 적으면 나무에 빨려 들어가 말라버리게 됩니다.

② 화다목분火多木焚 : 불이 너무 강하면 나무를 모두 태워버려 나무가 제 역할을 해낼 수 없습니다. 즉, 나무가 불을 살려야 하는데 너무 빨리 타서 없어지게 됩니다.

③ 금다토약金多土弱 : 흙에 금속이 너무 많이 포함되어 있으면 흙으로서의 역할을 제대로 해낼 수 없습니다. 흙 속에 적당한 자갈이 있으면 좋지만 자갈이 너무 많으면 자갈밭이 되어버립니다.

④ 수다금침水多金沈 : 물이 너무 강하면 쇳덩이가 물에 잠겨버려 그 기능을 다하지 못하게 됩니다. 쇳덩이는 물을 이용해서 예리하게 되는데 물이 너무 많아 잠겨버리면 오히려 녹이 슬게 됩니다.

⑤ 토다화식土多火熄 : 흙이 지나치게 많으면 불이 흙에 묻혀 꺼지게 됩니다. 적절한 햇볕은 땅을 단단하게 만들지만, 햇볕이 약하면 땅은 진흙에서 변하지 않게 됩니다.

내 사주에 어느 오행이 지나치게 많으면 그 오행이 생해주는 다른 오행이 위험에 빠질 수 있다는 겁니다. 명리학은 삶의 지혜가 모여 발전되어온 학문입니다. 상대를 도와주되 그 사람이 자립할 수 있을 정도만 도와야 하는 것이지, 그 이상으로 도와주면 오히려 의타심이 생겨 상대를 해칠 수 있다는 것을 잊어서는 안 됩니다. 또한 내가 남을 도와 생해줄 때도 내가 힘이 있어야지 그렇지 않으면 반극反剋을 당해 나도 그 기능을 다하지 못하게 됩니다.

결국 사주의 오행은 한쪽으로 몰리는 것보다 적절히 균형을 잡아나가는 것이 좋습니다. 균형 잡힌 삶이 편안합니다.

실전연구
내 사주에서 오행 확인하기

사주에서 오행을 확인할 때는 우선 나를 대표하는 일간의 오행이 무엇인지 확인한 후, 사주팔자 여덟 글자의 오행이 한쪽으로 치우쳐 있는지 않은지를 살펴보는 것이 필요합니다. 명리학에서 사주의 균형을 잡아가는 것은 기본적인 아이디어입니다. 그러나 사주가 한쪽으로 치우쳐 있으면 강한 기운을 따라가는 것도 한 방법이 될 수 있습니다.

① 우선 상생구조의 사주를 살펴보겠습니다. 사주의 구조가 연주부터 시주까지 서로 생하는 구조를 가지고 있으면 일생이 편하다고 볼 수 있습니다.
다음 사주는 연간 정화丁火에서 시작해서 화생토火生土, 토생금土生金, 금생수金生水로 오행의 상생구조가 천간에서 잘 짜여져 있

는 사주입니다. 이런 사주는 조상의 덕이 자식대까지 잘 이어지는 구조를 가지고 있다고 볼 수 있습니다.

식신	일원	편인	정관
壬	庚	戊	丁
午	子	申	丑
정관	상관	비견	정인

木(0)	火(2)	土(2)	金(2)	水(2)

丙己丁	壬 癸	戊壬庚	癸辛己

86	76	66	56	46	36	26	16	6.3
己	庚	辛	壬	癸	甲	乙	丙	丁
亥	子	丑	寅	卯	辰	巳	午	未

② 다음은 반생의 사주로, 화다토척火多土瘠에 해당하는 사주입니다. 일원이 기토己土인데 정인인 화기운이 많습니다. 이렇게 되면 화생토火生土가 되기보다는 내 자신을 너무 메마르게 만들어서 화기

운을 누를 수 있는 수기운을 만났을 때 운이 트이는 사주입니다. 나를 생해주는 것이 너무 많은 경우 결정장애에 빠질 우려가 있다는 점도 기억해야 합니다.

정인	일원	정인	식신
丙	己	丙	辛
寅	未	申	巳
정관	비견	상관	정인

木(1)	火(3)	土(2)	金(2)	水(0)

戊丙甲	丁乙己	戊壬庚	戊庚丙

86	76	66	56	46	36	26	16	5.6
丁	戊	己	庚	辛	壬	癸	甲	乙
亥	子	丑	寅	卯	辰	巳	午	未

③ 다음은 반극에 대한 사례로, 목다수축木多水縮의 사주가 될 수 있습니다.

일원인 계수癸水는 뿌리조차 없는 상황인데 길러내야 할 목이 여섯 개나 됩니다. 이렇게 되면 나무들이 계수를 모두 흡수해버려 버틸 수가 없게 됩니다.

이 사주는 수원지가 생겨야 살아갈 수 있는 사주이나 그렇지 않은 경우 강한 목기운을 따라서 살아가는 것도 좋은 방법이 됩니다. 즉, 33세부터 42세까지 목기운을 따라 살아가면 되는 사주입니다.

식신	일원	상관	상관
乙	癸	甲	甲
卯	卯	戌	寅
식신	식신	정관	상관
甲 乙	甲 乙	辛丁戊	戊丙甲

木(6)	火(0)	土(1)	金(0)	水(1)

83	73	63	53	43	33	23	13	3.3
癸	壬	辛	庚	己	戊	丁	丙	乙
未	午	巳	辰	卯	寅	丑	子	亥

4

오행 상극의 의미와 작용

오행 상극의 의미

오행의 상생이란 상대를 도와주는 것을 말합니다. 그렇다면 상극이란 뭘 말하는 걸까요? 상극은 상대를 누르는 작용을 말합니다.

상극은 목극토木剋土, 토극수土剋水, 수극화水剋火, 화극금火克金, 금극목金克木을 말합니다. 이 말은 나무는 흙을 극하고, 흙은 물을 극하며, 물은 불을 극하고, 불은 금을 극하며, 금은 나무를 극하는 내용입니다.

오행의 상극

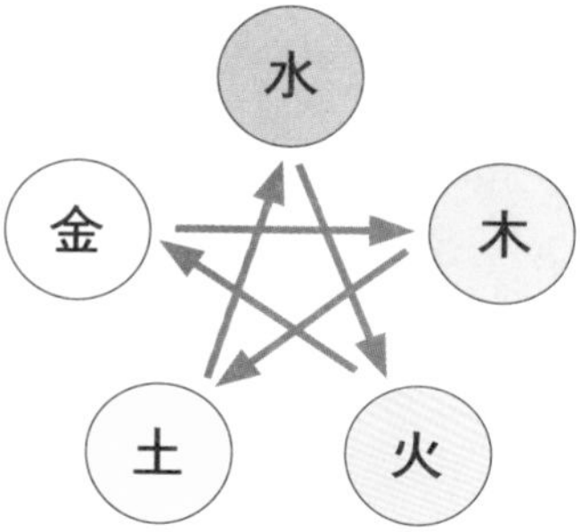

그림으로 보면 상생은 나의 오른쪽 옆으로 나아가면서 생을 해주지만, 상극은 하나의 오행을 건너서 나타나는 현상입니다. 그런데 상극을 나쁜 의미로 받아들일 필요는 없습니다. 누군가에게 통제를 받는다는 것은 자신을 제어하는 조직이나 사람이 있다는 겁니다. 사람이 살아갈 때 나를 제어해주는 사람이 없으면 자칫 망나니가 될 수 있습니다. 그래서 적절한 통제는 오히려 나를 단련시키는 작용을 합니다.

상극에는 두 가지가 있습니다. 하나는 내가 극을 하는 경우가 있고 다른 하나는 내가 극을 받는 경우입니다. 예를 들어 나의 일원이 목木이라 해봅시다. 목과 관련해서는 내가 극하는 상태인 목극토木剋

土의 작용이 있을 수 있고, 다른 하나는 내가 극을 당하는 금극목金剋木의 작용이 있을 수 있습니다.

이때 내가 극하는 것은 내 입장에서 봤을 때 재물을 말합니다. 문제는 내가 상대를 극하기 위해서는 힘을 많이 써야 합니다. 즉, 재물을 얻기 위해서는 내가 많이 움직이고 또 노력을 해야 한다는 겁니다. 또 남자에게 있어 재물은 곧 여자와도 같습니다. 남자에게 재운財運이 들어온다는 것은 실제로 재물이 들어올 수도 있지만, 결혼운이 들어올 수도 있다고 봅니다.

예를 들어 갑목甲木 일원이라면 재물은 토기운이 됩니다. 대운에서 토기운이 들어오면 재물이 들어오기도 하지만, 달리 보면 결혼운도 같이 들어온다고 볼 수 있습니다. 다른 오행도 이와 같이 살펴보면 됩니다.

반대로 내가 극을 당하는 것은 내 입장에서 봤을 때 명예 내지는 관운官運을 말합니다. 명예를 얻기 위해서는 조직 내에서 열심히 일해야 합니다. 이는 내가 조직의 통제를 받는다는 것을 말합니다. 이때도 통제를 견뎌내기 위해서는 많은 노력과 에너지의 소비가 있어야 합니다. 직장에 출근하기 위해 새벽부터 일어나 온갖 스트레스를 받아가면서 일하는 경우를 생각하면 됩니다. 남자에게 있어 관운은 명예이기도 하지만 자식이기도 합니다. 여자에게 있어 관운은 명예이기도 하지만 남편이 되기도 합니다.

예를 들어 임수壬水 일원의 경우 토기운이 관운이 될 수 있습니다. 남자의 경우 대운에서 토기운이 오면 직장을 얻거나 승진을 한다는 해석할 수 있고, 여성의 경우는 직장운도 되지만 결혼운이 들어온다고 볼 수 있습니다.

상극의 또 다른 의미

상극을 나쁜 의미로 받아들이지 않기 위해 다음과 같이 이해하시면 좋습니다.

① 목극토木剋土 : 나무는 땅에 뿌리를 내려야 합니다.

② 토극수土剋水 : 흙은 물의 제방 역할을 합니다. 그래야 넘쳐흐르지 않습니다.

③ 수극화水剋火 : 물에 반사된 빛은 아름답습니다.

④ 화극금火克金 : 광물은 불에 녹여야 불순물이 제거됩니다.

⑤ 금극목金克木 : 나무는 연장으로 다듬어야 쓰임새가 생깁니다.

강한 것을 건들면 내가 오히려 당한다

상극에서도 그 작용을 알아야 하는 것 중 하나는 역극逆剋입니다. 즉, 극을 하려고 하는데 내가 극하는 상대가 너무 강하면 오히려 말썽이 생기는 것을 말합니다.

상대적으로 약한 오행이 강한 오행을 극하려고 들면 오히려 당하게 되는 경우를 말합니다. 예를 들어 초등학생이 대학생에게 덤벼들다 오히려 얻어맞는 경우를 생각하시면 됩니다. 이런 경우를 나열해보면 다음과 같습니다.

① 목다금결木多金缺 : 나무가 너무 단단하면 도끼가 상하게 됩니다.
② 금다화식金多火熄 : 쇠가 너무 많으면 불이 꺼집니다.
③ 화다수증火多水烝 : 불이 너무 강하면 물이 증발해버립니다.
④ 수다토류水多土流 : 물이 너무 많으면 제방이 떠내려갑니다.
⑤ 토다목척土多木斥 : 흙이 너무 많으면 나무가 힘을 잃고 꺾어집니다.

오행의 상극에서 알 수 있는 것은 적절한 통제는 좋은 것이고, 또 내가 상대를 극하기 위해서는 나에게 그만한 힘이 있어야 한다는 겁니다. 즉, 일원이 강해야 합니다. 만약 내가 힘이 없는 상태에서 상대를 극하게 되면 오히려 힘들어질 수 있습니다. 일원이 뿌리가 없는 상태에서 나보다 강한 상대를 극하려고 하다가는 오히려 일원인 내가 다칠 수 있다고 봅니다.

앞서 살펴본 바와 같이 일원을 중심으로 봤을 때 재물은 내가 극하는 존재입니다. 그렇다면 재물을 모으기 위해서는 내게 재물을 이길 수 있는 힘이 있어야 합니다. 만약, 내게 힘이 없는 상태에서 재물이 들어오면 나는 재물을 견디지 못하고 오히려 역극逆剋을 당하게 됩니다.

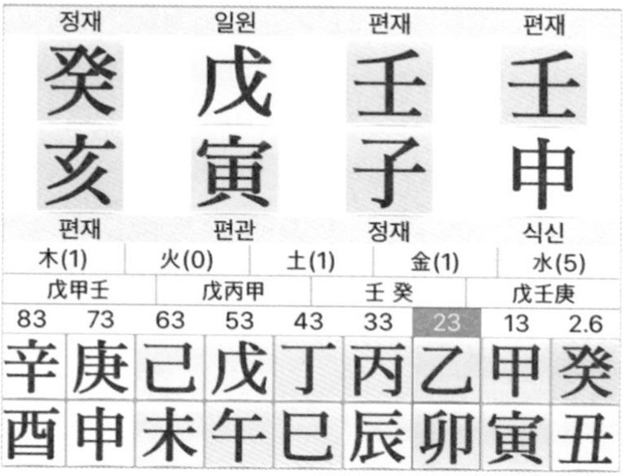

조금 없이 사는 것이 재물을 손에 쥐고 죽는 것보다 좋다는 사실을 알아야 합니다. 돈은 그 돈을 내가 통제할 수 있을 때 내게 좋은 겁니다.

앞의 사주는 역극의 사례가 될 수 있습니다. 일원은 무토戊土입니다. 토극수土剋水에 의해서 토기운이 수기운을 극할 수 있을 것처럼 보이지만 사주에 토기운은 하나이고 수기운은 다섯이나 되므로 극을 하지 못하고 오히려 물에 흙이 휩쓸려 나가는 형국입니다. 이렇게 너무 강한 오행을 극하려 하다 보면 오히려 내가 망가질 수 있다는 것을 알아야 합니다.

5

오행의 합과 충 의미와 작용

명리학에서 오행의 글자들은 서로 합하기도 하고 부딪혀 깨지기도 하는 작용을 합니다. 이와 같은 작용들이 갖가지 변화를 만들어내는데, 그 변화를 제대로 이해하고 해석할 때 사주 해석이 올바르게 됩니다. 그럼 오행의 합合과 충沖에 대해 살펴보겠습니다.

오행의 합

오행의 합에는 천간합天干合과 지지합地支合이 있습니다. 이들 오행의 합이 어떤 의미를 갖고 또 어떤 작용을 하는지 알아보겠습니다.

먼저 천간의 합입니다. 천간은 십천간十天干이 있습니다. 갑甲, 을乙, 병丙, 정丁, 무戊, 기己, 경庚, 신辛, 임壬, 계癸입니다. 이들은 다음과 같이 구분해볼 수 있습니다. 갑甲, 을乙, 병丙, 정丁, 무戊까지는 성장하는 단계, 기己, 경庚, 신辛, 임壬, 계癸까지는 성숙하는 단계로 봅니다. 이것을 표로 정리해보면 다음과 같습니다.

오행의 합					
성장단계	갑甲	을乙	병丙	정丁	무戊
성숙단계	기己	경庚	신辛	임壬	계癸
천간합	갑기합 토土	을경합 금金	병신합 수水	정임합 목木	무계합 화火

그리고 성장단계의 글자와 성숙단계의 글자가 짝을 이뤄 천간합이 이루어지게 됩니다. 천간합은 다음과 같습니다.

① 갑기합甲己合 토土 : 갑목과 기토가 합을 하면 토의 성질로 변합니다.

② 을경합乙庚合 금金 : 을목과 경금이 합을 하면 금의 성질로 변합

니다.

③ 병신합丙辛合 수水 : 병화와 신금이 합을 하면 수의 성질로 변합니다.

④ 정임합丁壬合 목木 : 정화와 임수가 합을 하면 목의 성질로 변합니다.

⑤ 무계합戊癸合 화火 : 무토와 계수가 합을 하면 화의 성질로 변합니다.

천간합은 일단 암기를 해야 합니다. 그래야 오행의 작용을 조금 더 잘 알아볼 수 있습니다. 그렇다면 천간의 합은 어떤 의미를 갖는지 알아보겠습니다.

천간합은 합으로 인해서 글자의 성질이 바뀐다고 보시면 됩니다. 특히 나에게 물이 필요한데 사주에 계수癸水가 있습니다. 그런데 무토戊土가 와서 무계합戊癸合을 통해 화火의 기운으로 변하게 되면 계수는 더 이상 나에게 좋은 작용을 하지 못하게 됩니다. 반대로 화의 기운이 필요한데 무계합으로 화기운이 생겨나게 되면 나에게 이익이 됩니다.

천간에 합을 하는 글자들이 있다고 해서 무조건 합이 되는 것은 아닙니다. 다음 같은 경우에는 천간합이 이루어지지 않는다고 봅니다.

① 천간의 두 글자가 서로 멀리 떨어져 있는 경우 합이 제대로 이루어지지 않는다고 봅니다. 서로 좋아하는 사이라도 한 사람은 서울에 있고 다른 한 사람은 뉴욕에 있다면 연애가 어려운 것과 같습니다.
② 천간의 두 글자 사이에 합을 방해하는 글자가 놓이게 되면 합이 제대로 이루어지지 않는다고 봅니다. 서로 좋아하는 사이인데 중간에 다른 사람이 끼어들어 연애를 방해하는 경우와 같습니다.
③ 일간日干과의 합은 이루어지지 않는 것으로 봅니다. 예를 들어 일간이 갑목甲木인데 기토己土가 와서 토土기운으로 바뀐다면 원래 나는 나무였는데 흙으로 변하게 되는 꼴이 되기 때문입니다. 이때는 합이 되었다고 보지 않고 내 힘이 약해졌다고 보시면 됩니다. 내가 상대방에게 묶여서 힘을 쓰지 못한다는 의미입니다.

지지의 합을 알아보겠습니다. 지지의 합은 두 가지가 있습니다. 방합方合과 삼합三合입니다. 이를 이해하기 위해서는 지지가 가리키는 방위에 대해 알아야 합니다.

지지의 방합											
인寅	묘卯	진辰	사巳	오午	미未	신申	유酉	술戌	해亥	자子	축丑
생지 生地	왕지 旺地	고지 庫地	생지 生地	왕지 旺地	고지 庫地	생지 生地	왕지 旺地	고지 庫地	생지 生地	왕지 旺地	고지 庫地
1월	2월	3월	4월	5월	6월	7월	8월	9월	10월	11월	12월
목기운, 봄, 동쪽			화기운, 여름, 남쪽			금기운, 가을, 서쪽			수기운, 겨울, 북쪽		

먼저 방합方合입니다. 방합이란 같은 방향을 가리키는 글자들끼리 모여 있는 것을 말합니다. 즉, 같은 세력들이 뭉쳐 있는 것입니다. 표에서 보는 바와 같습니다.

① 인寅, 묘卯, 진辰: 목木기운, 봄, 동쪽

② 사巳, 오午, 미未: 화火기운, 여름, 남쪽

③ 신申, 유酉, 술戌: 금金기운, 가을, 서쪽

④ 해亥, 자子, 축丑: 수水기운, 겨울, 북쪽

즉, 방합을 이루는 글자들이 모여 있으면 그 기운들이 강해지는 것으로 이해하시면 됩니다.

다음은 삼합三合입니다. 삼합은 서로 다른 성질들이 모여 세력을 형성하는 결성조직이라고 이해하시면 됩니다. 지지의 삼합은 다음과 같습니다.

지지의 삼합			
해亥	묘卯	미未	목기운, 봄, 동쪽
인寅	오午	술戌	화기운, 여름, 남쪽
사巳	유酉	축丑	금기운, 가을, 서쪽
신申	자子	진辰	수기운, 겨울, 북쪽

지지삼합은 기본적으로 묘卯, 오午, 유酉, 자子를 중심으로 합니다. 해묘미, 인오술, 사유축, 신자진으로 합해져 봄, 여름, 가을, 겨울 또는 동, 서, 남, 북, 그리고 목, 화, 금, 수를 결성하는 조합을 말합니다. 삼합이 이루어지면 방합에서와 마찬가지로 합이 된 기운이 왕성해지는 것으로 해석합니다.

지지삼합은 다양하게 응용될 수 있습니다. 반드시 암기를 해야 합니다. 원래는 세 글자가 모두 있어야 삼합이 되지만, 가운데 글자를 포함한 두 글자만 있어도 합이 된 것으로 봅니다. 이때는 반합半合이라고 합니다. 그러나 가운데 글자를 뺀 두 글자만 있어도 약하게 반합을 하고 있는 것으로 보기도 합니다.

또 하나의 합이 있다면 바로 육합六合입니다. 육합은 그 작용이 크지는 않지만 그래도 놓칠 수 없는 작용이 있습니다. 육합이 이루어지는 원리는 다음 그림과 같습니다.

지지의 육합

육합의 경우 그 작용력이 크지 않다고 하지만 아래와 같이 인寅과 해亥의 합과 진辰과 유酉의 합은 각각 목木과 금金으로서의 작용력이 생긴다는 정도만 이해하면 됩니다. 육합은 다음과 같은 작용을 합니다.

① 자子 + 축丑 = 토土

② 인寅 + 해亥 = 목木 ⇒ 사용가능

③ 묘卯 + 술戌 = 화火

④ 진辰 + 유酉 = 금金 ⇒ 사용가능

⑤ 사巳 + 신申 = 수水

⑥ 오午 + 미未 = 화火

오행의 충

충沖이란 서로 부딪쳐 깨지는 것을 말합니다. 즉, 오행의 글자들이 서로 극하는 경우에 발생하는 충돌입니다. 충도 천간의 충과 지지의 충으로 구분해서 볼 수 있습니다. 충은 오행의 상극관계를 생각하면 쉽게 이해할 수 있습니다.

천간의 충은 지지의 충에 비해 겉으로 드러나는 충돌입니다. 천간은 드러난 모습이고 지지는 감추어진 모습으로 이해하기 때문입니다.

천간충은 다음과 같습니다.

① 목극토木剋土의 경우 : 갑무충甲戊沖, 을기충乙己沖

② 토극수土剋水의 경우 : 무임충戊壬沖, 기계충己癸沖

③ 수극화水剋火의 경우 : 병임충丙壬沖, 정계충丁癸沖

④ 화극금火剋金의 경우 : 병경충丙庚沖, 정신충丁辛沖

⑤ 금극목金剋木의 경우 : 갑경충甲庚沖, 을신충乙辛沖

천간충이 발생했다고 해서 나쁜 것만은 아닙니다. 나에게 필요한 글자가 충을 만나 깨지면 좋지 않은 경우지만, 나에게 해로운 글자가 충을 받아 깨지면 좋은 경우가 됩니다. 사주 전체를 따져서 충의 희기喜忌, 즉 좋고 나쁨을 따져야 합니다.

지지충은 지지들 간의 글자 구성을 살펴야 합니다. 지지들은 방합에서 살펴봤던 바와 같이 세 글자씩 합을 합니다. 합을 할 때 첫 글자를 생지生地, 두 번째 글자를 왕지旺地, 세 번째 글자를 고지庫地라고 합니다. 즉, 처음은 기운이 생겨나는 곳, 두 번째는 기운이 왕성해지는 곳, 세 번째는 기운이 저물어가는 곳을 나타냅니다. 하지만 생지, 왕지, 고지의 글자들끼리 서로 부딪치면 충이 발생합니다.

① 생지충生地沖 : 인신충寅申沖, 사해충巳亥沖

② 왕지충旺地沖 : 자오충子午沖, 묘유충卯酉沖

③ 고지충庫地沖 : 진술충辰戌沖, 축미충丑未沖

지지충에서 생지충은 막 생겨나는 기운을 말합니다. 사람으로 보면 청소년기와 청년기입니다. 그래서 서로 부딪치면 서로를 크게 상하게 하는 경우가 많습니다. 특히 인신충寅申沖의 경우는 금극목金剋木의 형태로 교통사고나 골절사고와 관련이 있고, 사해충巳亥沖도 수극화水剋火의 형태로 충의 효과가 크게 나타날 수 있습니다.

왕지충은 서로 만만히 볼 수 없는 큰 기운들 간의 충입니다. 묵직하게 부딪치는 것을 상상하시면 됩니다. 특히 자오충子午沖의 경우 그 충격이 아주 크게 나타날 수 있습니다. 물론 묘유충卯酉沖도 가볍게 볼 일은 아닙니다.

마지막으로 고지충庫地沖은 땅들이 서로 부딪치는 것을 상상하시면 됩니다. 지진이 발생하는 것이죠. 상대적으로 충격이 크다고는 볼 수 없지만 땅이 흔들리면 기반이 불안해지는 것으로 볼 수 있습니다.

지지충도 천간충과 마찬가지로 충이 발생했다고 해서 나쁘기만 한 것은 아닙니다. 나에게 좋은 글자가 충을 만나면 좋지 않지만, 나에게 나쁜 역할을 하는 글자가 충을 받으면 오히려 좋은 결과를 가져올 수 있기 때문입니다. 그러나 그 어떤 경우에도 충은 충이니, 충이 발생할 때는 조심해서 좋고 나쁨을 따져봐야 합니다.

특히 천간충과 지지충이 발생할 때 천간충의 경우는 일간과 충이 발생했는지를 따져봐야 하고, 지지충의 경우에는 일지와 월지에 충이 발생했는지를 살펴보는 것이 중요합니다. 왜냐하면 일간, 일지, 월지는 사주에서 가장 중요한 역할을 하기 때문입니다.

실전연구

음양오행으로 재물운이 있는지 찾아보자

재물운이 있는 사람의 사주 사례

비견	일원	겁재	비견
辛	辛	庚	辛
卯	丑	子	巳
편재	편인	식신	정관

木(1)	火(1)	土(1)	金(4)	水(1)

甲 乙	癸辛己	壬 癸	戊庚丙

84	74	64	54	44	34	24	14	4.0
辛	壬	癸	甲	乙	丙	丁	戊	己
卯	辰	巳	午	未	申	酉	戌	亥

이 사주는 일원인 일간이 신금辛金인 사주로 금극목金剋木을 생각해 보면 목木기운이 재성이 됩니다. 시지에 묘목卯木이 자리 잡고 있지만, 금기운이 너무 많아 감당할 수 없습니다. 그렇다면 대운에서 목기운이 들어오는 44대운부터 20년간 재물을 모으고, 금이 제일 좋아하는 물이 들어오는 64대운부터는 권력이 크게 높아지는 운이 됩

니다. 특히 지지에 재성이 숨겨져 있어 다른 사람들이 잘 모르는 재물을 보유하는 것으로 볼 수 있습니다. 이렇듯 음양오행을 잘 이해하시면 재물을 뜻하는 재성을 금방 찾을 수 있습니다.

재물운이 없는 사람의 사주 사례

겁재	일원	정인	정인
丙	丁	甲	甲
午	巳	戌	辰
비견	겁재	상관	상관

木(2)	火(4)	土(2)	金(0)	水(0)

丙己丁	戊庚丙	辛丁戊	乙癸戊

81	71	61	51	41	31	21	11	1.0
癸	壬	辛	庚	己	戊	丁	丙	乙
未	午	巳	辰	卯	寅	丑	子	亥

이 사주는 일간이 정화丁火로 재성은 화극금火剋金에 의해 금기운이 와야 합니다. 그런데 사주원국에는 금기운이 없습니다. 즉, 재성이 없는 무재無財 사주입니다.

앞서 살펴본 바와 같이 이런 경우에는 대운에서 금기운인 재물운이 들어올 때 돈을 모을 수 있습니다. 51세부터 금기운으로 흐르고 있어 사업을 통해 돈을 모을 수 있는 사주입니다. 특히 61세 이후에는 복잡한 마음도 한결 편안해지고 재물도 풍성하게 모을 수 있는 대운으로 흘러가고 있으며, 그 후에도 말년까지 자신에게 유리한 대운으로 흐르고 있습니다.

6장

사주 해석의 꽃 십신의 이해

1

십신의 종류

사주명리는 원래 음양오행의 생극제화生剋制化, 즉 오행의 상생과 상극을 기본으로 해석하는 것이 원칙입니다. 그런데 오랜 시간을 통해 사주를 풀어가면서 사람들은 보다 풍부하고 입체적인 해석을 하기 위해 십신十神이란 개념을 도입했습니다. 십신을 이용해서 사주를 해석하면 음양오행만을 통해서 해석할 때보다 더 풍성한 내용을 담을 수 있습니다.

십신은 일간(나)을 기준으로 했을 때 일간을 생하거나 극하는 오행과 그 오행의 음양에 따라 10가지로 구분합니다. 이들 각각을 하나의 개체로 봐서 십신 또는 십성十星이란 이름으로 부릅니다. 십신은 다음과 같이 분류합니다.

십신의 종류		
비견比肩	일간과 같은 오행, 같은 음양	비견과 겁재를 비겁比劫이라 합니다.
겁재劫財	일간과 같은 오행, 다른 음양	
식신食神	일간이 생하는 오행, 같은 음양	식신과 상관을 식상食傷이라 합니다.
상관傷官	일간이 생하는 오행, 다른 음양	
편재偏財	일간이 극하는 오행, 같은 음양	편재와 정재를 재성財星이라 합니다.
정재正財	일간이 극하는 오행, 다른 음양	
편관偏官	일간을 극하는 오행, 같은 음양	편관과 정관을 관성官星이라 합니다.
정관正官	일간을 극하는 오행, 다른 음양	
편인偏印	일간을 생하는 오행, 같은 음양	편인과 정인을 인성印星이라 합니다.
정인正印	일간을 생하는 오행, 다른 음양	

과거에는 재성, 인성, 정관, 식신을 사길신四吉神이라 했고, 겁재, 상관, 편관, 양인(지지에 비견이 오는 것을 말함)을 사흉신四凶神이라 해서 십성에도 좋고 나쁜 것이 있다고 봤습니다. 그러나 이는 시대에 따라서 달리 해석할 부분이 있다는 것을 기억해야 합니다.

십신의 구조는 사주를 푸는 매우 중요한 열쇠 중 하나입니다. 사주를 해석할 때 십신의 용어가 끊임없이 나타나기 때문에 그 개념을 반드시 이해하기 바랍니다.

천간 십신										
일간	비견	겁재	식신	상관	편재	정재	편관	정관	편인	정인
甲	甲	乙	丙	丁	戊	己	庚	辛	壬	癸
乙	乙	甲	丁	丙	己	戊	辛	庚	癸	壬
丙	丙	丁	戊	己	庚	辛	壬	癸	甲	乙
丁	丁	丙	己	戊	辛	庚	癸	壬	乙	甲
戊	戊	己	庚	辛	壬	癸	甲	乙	丙	丁
己	己	戊	辛	庚	癸	壬	乙	甲	丁	丙
庚	庚	辛	壬	癸	甲	乙	丙	丁	戊	己
辛	辛	庚	癸	壬	乙	甲	丁	丙	己	戊
壬	壬	癸	甲	乙	丙	丁	戊	己	庚	辛
癸	癸	壬	乙	甲	丁	丙	己	戊	辛	庚

일간을 기준으로 했을 때 천간의 십신은 다음과 같습니다. 표가 복잡해 보이지만 차근차근 살펴보시면 이해할 수 있습니다.

십신은 천간에만 있는 것은 아닙니다. 지지에도 오행의 음양이 있으므로 지지의 십신도 같이 살펴보는 것이 좋습니다. 천간의 글자는 10자이지만, 지지의 글자는 12자입니다. 그중 토土에 해당하는 글자가 4자이므로 주의해서 살펴보셔야 합니다.

지지 십신										
일간	비견	겁재	식신	상관	편재	정재	편관	정관	편인	정인
甲	寅	卯	巳	午	辰, 戌	丑, 未	申	酉	亥	子
乙	卯	寅	午	巳	丑, 未	辰, 戌	酉	申	子	亥
丙	巳	午	辰, 戌	丑, 未	申	酉	亥	子	寅	卯
丁	午	巳	丑, 未	辰, 戌	酉	申	子	亥	卯	寅
戊	辰, 戌	丑, 未	申	酉	亥	子	寅	卯	巳	午
己	丑, 未	辰, 戌	酉	申	子	亥	卯	寅	午	巳
庚	申	酉	亥	子	寅	卯	巳	午	辰, 戌	丑, 未
辛	酉	申	子	亥	卯	寅	午	巳	丑, 未	辰, 戌
壬	亥	子	寅	卯	巳	午	辰, 戌	丑, 未	申	酉
癸	子	亥	卯	寅	午	巳	丑, 未	辰, 戌	酉	申

한자가 가득한 표들은 사주명리를 처음 접하는 사람들에게는 매우 복잡한 것으로 보이지만, 실제로 만세력을 통해서 보면 그 내용이 모

두 기재되어 있는 것을 알 수 있습니다.

만세력으로 본 천간과 지지에 십신이 모두 기재되어 있는 것이 보일 겁니다. 그러나 그 개념을 알아야 하므로 오행의 생극(서로 생하고 극하는 관계)과 음양 정도는 이해하고 있어야 합니다.

정인	일원	편재	상관
甲	丁	辛	戊
辰	亥	酉	寅
상관	정관	편재	정인

木(2)	火(1)	土(2)	金(2)	水(1)

乙癸戊	戊甲壬	庚 辛	戊丙甲

90	80	70	60	50	40	30	20	9.6
壬	癸	甲	乙	丙	丁	戊	己	庚
子	丑	寅	卯	辰	巳	午	未	申

만세력의 구성을 보면 일원을 중심으로 천간에는 상관, 편재, 정인이 자리하고 있고, 지지에는 정인, 편재, 정관, 상관이 자리 잡고 있는 것을 확인할 수 있습니다. 만세력을 통해 나의 사주에는 어떤 십신이 있는지 확인해보기 바랍니다.

2

십신의 의미

각각의 십신이 무슨 의미를 가지는지 알게 된다면 사주를 조금 더 깊게 이해할 수 있게 됩니다. 어렵게만 생각하지 말고, 일단 처음에는 어느 정도 암기하는 것이 필요합니다. 그렇지 않으면 반복적으로 읽어서 익히는 수밖에 없습니다.

십신의 의미를 살펴보면 다음과 같습니다.

비겁: 나와 같은 오행

비겁比劫은 오행으로 보면 일간과 같은 오행을 말합니다. 그래서 내 주위에 있는 사람들이나 나와 같은 힘을 갖는 것들을 말합니다.

① 비견比肩 : 비견은 나와 어깨를 나란히 하는 사람입니다. 의미상으로 보면 나 또는 나와 같은 에너지를 말합니다.
비견이 많다는 것은 자아가 분명해서 남들에게 고개를 숙이지 못하고, 또 고집이 세다는 것을 의미합니다. 그리고 나 이외의 경쟁자를 의미합니다.

② 겁재劫財 : 겁재는 오행은 같지만 음양이 다른 것으로, 내 경쟁자들을 말합니다.
겁재는 의미상으로 보면 내 재물을 탐하는 사람입니다. 겁재는 나의 재물을 탐하기 때문에 과거에는 흉신으로 분류했습니다.

식상: 내가 생하는 오행

식상食傷은 일간이 생하는 기운을 말합니다. 그래서 의미상으로 보면 자식과 같습니다.

① 식신食神 : 식신은 내가 생해주는 오행이면서 음양이 같습니다.

의미상으로 보면 먹을 복을 말합니다.

재물이 없어도 식신이 있으면 입에 풀칠할 걱정은 없습니다. 성격이 느긋하고 친절한 사람들에게 많이 나타납니다. 그러나 식신이 많으면 걱정이 없으므로 게으른 사람으로 보일 수 있습니다.

② 상관傷官 : 상관은 내가 생해주는 오행이면서 음양이 다른 것을 말합니다. 의미상으로 보면 정관을 망치게 하는 기운입니다.

상관이 많은 사람들은 직장에 잘 붙어 있지 못하고, 또 직장생활을 한다고 하더라도 내부고발이나 조직개혁에 앞장서는 사람들이 많습니다.

재성: 내가 극하는 오행

재성財星은 일간이 극하는 기운을 말합니다. 의미상으로 보면 나의 재물이 됩니다. 특히 남자에게 재성은 여자와 같습니다. 재성의 유무에 따라 결혼운을 가늠하기도 합니다.

① 정재正財 : 정재는 내가 극하는 오행이면서 음양이 다른 것을 말합니다. 의미상으로 보면 월급을 받는 것과 같이 매월 일정하게 들어오는 재물을 말합니다.

과거 농경사회에서는 정기적인 재물이 들어오는 것이 중요했기 때문에 정재를 귀하게 여겼습니다. 그러나 돈을 벌기 위해서는 아침에 일어나서 출근해야 하듯이 내가 극을 하기 위해 힘을 써야 한다는 것을 이해해야 합니다. 몸이 아프면 돈을 벌러 나가지 못하니 몸이 튼튼해야 한다는 겁니다.

② 편재偏財 : 편재는 내가 극하는 오행이면서 음양이 같은 것을 말합니다. 의미상으로 보면 정기적인 재물보다는 횡재나 부정기적으로 들어오는 재물을 의미합니다.
주식투자를 해서 돈을 번다든지 부동산에 투자해서 돈을 버는 것을 예로 들 수 있습니다.

관성: 나를 극하는 오행

관성官星은 일간을 극하는 기운을 말합니다. 의미상으로 보면 나의 직장운이 됩니다. 그리고 남자에게는 자식이 되며, 여자에게는 남편이 됩니다. 여자의 경우 관성의 유무를 가지고 결혼운을 가늠하기도 합니다.

① 정관正官 : 정관은 나를 극하는 오행이면서 음양이 다른 것을 말합니다. 의미상으로는 안정된 직장을 말합니다.
과거에는 관청에서 일하는 것을 중요시했으므로 정관을 귀하게

여겼습니다. 직장에 다니면 스트레스를 많이 받게 됩니다. 그래서 나를 극하는 요인이 되지요. 스트레스를 잘 이겨내려면 내가 강해져야 한다는 것도 알아두셔야 합니다.

② 편관 : 편관은 나를 극하는 오행이면서 음양이 같은 것을 말합니다. 의미상으로 보면 사업가 또는 프리랜서를 의미 합니다.
잘되면 크게 되지만, 자칫하면 나를 망치게도 합니다. 그래서 편관을 일간日干으로부터 일곱 번째에 있다고 해서 칠살七煞이라고 하고, 흉신 중의 흉신으로 보기도 합니다. 사주를 해석할 때 칠살이 많은데 제대로 제어하지 못하면 큰일을 당한다고 보기도 합니다. 칠살을 제어하는 것은 식신의 역할입니다.

인성: 나를 생하는 오행

인성印星은 일간을 생해주는 오행입니다. 의미상으로 보면 나를 보호해주는 기운이고 부모님을 의미합니다. 인성이 있으면 좋다고 합니다. 그러나 인성이 너무 지나치면 부모를 믿고 안하무인으로 행동하게 되고 또 다른 경우에는 마마보이처럼 결정장애를 가지는 경우도 있습니다.

① 정인正印 : 정인은 나를 생해주는 오행으로 음양이 서로 다른 것

을 말합니다. 어머니와 같은 존재입니다.

정인이 있으면 편안합니다. 학생들의 경우는 시험운도 정인으로 가늠해볼 수 있습니다. 또한 문서와 관련된 운도 정인으로 판단합니다. 그러나 너무 많으면 부작용이 있다는 것은 알고 있어야 합니다.

② 편인偏印 : 편인은 나를 생해주는 오행으로 음양이 서로 같은 것을 말합니다. 계모 정도로 이해해도 무방합니다.

편인은 효신梟神이라고도 하고 다른 말로는 도식倒食이라고 하는데 특히 편인은 식신을 극하므로 도식倒食, 즉 밥그릇을 걷어차는 기운이 되기도 합니다. 그래서 편인이 있을 경우 적절히 제어해주는 기운이 있어야 합니다. 편인을 제어하는 것은 재성이 하는 일입니다.

지금까지 설명한 십신을 간단한 표로 정리하면 다음과 같습니다.

십신의 특성			
십신	특성	가족관계	
		남자	여자
비견	형제, 친구, 동료, 독립심, 실천력, 자존심	처가식구	시댁식구
겁재	형제, 친구, 동료, 경쟁, 투쟁, 고집, 손재	처가식구	시댁식구
식신	의식주, 부하직원, 재능, 꾸준함, 연구심, 낙천적	장모	자식
상관	부하직원, 표현력, 의협심, 활동적, 서비스업, 불평불만	장모	자식
편재	아버지, 유동재물, 횡재수, 사업가, 풍류, 공간지각능력	여자, 애인	시어머니
정재	아버지, 정기적인 재물, 정확, 깐깐함, 성실	여자, 본처	시어머니
편관	직업, 명예, 영리함, 조급, 극단적, 복종, 희생, 인내심	자식	남자
정관	직업, 명예, 책임감, 도덕, 공평무사	자식	남자
편인	어머니, 학문, 문서, 직관력, 고독, 임기응변, 의심	어머니	어머니
정인	어머니, 학문, 문서, 종교, 자애	어머니	어머니

3

십신의 현대적 적용

명리학이 생겨나고 발전한 시기는 봉건시대입니다. 군왕이 모든 것을 좌지우지하던 시기죠. 남존여비 사상이 뿌리 깊게 박혀 있던 시기였고, 사람들이 가질 수 있었던 직업의 종류도 그다지 많지 않았던 시기였습니다. 또한 사람이 태어나고 자란 고을을 벗어나서 살게 되는 경우도 별로 없었습니다.

그러나 지금은 민주주의시대이고 남녀가 평등한 시대입니다. 사람들이 가질 수 있는 직업은 헤아릴 수 없을 정도로 많습니다. 누구나 자기가 나고 자란 동네에서 벗어나 전국을 돌아다니며, 어떤 이는 해외로 나가는 일을 밥 먹듯이 하기도 합니다. 이렇게 삶의 환경이 완전히 바뀐 것을 명리학에도 적극적으로 반영해서 사주의 현대적 해석이 이루어져야 합니다.

예를 들어 과거에는 식신, 재성, 관성을 중요하게 생각했습니다. 그만큼 먹고사는 것이 중요했던 것이죠. 특히 재성과 관성에서도 정재, 정관을 중요시했습니다. 안정된 삶이 곧 행복이었던 시기였습니다. 그러나 지금은 많이 달라졌습니다. 안정된 직업을 갖는 것을 중요하게 여기긴 하지만, 사업가나 프리랜서 활동을 하면서 사는 사람도 많아졌습니다. 월급에 만족하지 않고 재테크를 적극적으로 하는 사람도 많고 또 개인사업을 하는 사람도 많습니다.

그래서 요즘에는 재성과 관성에서 정재, 편재, 정관, 편관을 가리지 않고 중요하게 판단하고 해석합니다. 또한 경쟁이 치열한 시대이다 보니 경쟁자를 이기느냐 아니면 경쟁자에게 무릎을 꿇느냐 하는 것도 중요합니다. 그래서 요즘은 비견, 겁재의 좋고 나쁨도 많이 따집니다.

십신과는 거리가 있지만, 과거에는 백호살白虎殺을 무서워했습니다. 백호살을 얼마나 무서워했냐 하면 다른 것들은 역마살, 도화살과 같이 부르지만 백호살은 특히 백호대살이라고 불렀습니다. 과거에는 호랑이에게 물려서 죽는 것을 가장 두려했기 때문입니다. 그러나 요즘에는 호랑이에게 물려 죽는 경우는 거의 없습니다. 현대에는 질병이나 교통사고로 죽는 경우가 많습니다. 그래서 백호살보다는 인신충寅申沖을 두려워하는 것으로 변해갑니다.

마찬가지로 예전에 도화살桃花煞이 들면 품행이 방정하지 못하다고 해서 싫어했습니다. 그러나 요즘에는 도화를 좋아합니다. 연예계로 나가기 위해서는 도화가 있는 것이 좋다고 보기 때문입니다.

봉건시대를 지나 민주사회가 된 만큼 현대사회에 맞는 사주 해석이 필요합니다. 그러나 이런 시대의 흐름을 제대로 읽지 못하는 명리술사들도 많이 있다는 것을 알아야 합니다.

사주팔자에 돈이 따르기 위해서는 정재든 편재든 재성이 있어야 하고 특히 대박을 터트리는 것은 정재보다는 편재의 기운이 더 강합니다. 그리고 월급쟁이에서 벗어나 사업으로 성공하기 위해서는 정관보다는 편관이 더 중요하고, 경쟁에서 이기기 위해서는 비견과 겁재 등 나와 같은 오행의 힘을 누를 수 있는 기운이 있어야 합니다.

실전연구
십신으로 재물운을 찾아보자

이 사주의 특징은 갑목甲木 일간입니다. 갑목은 큰 나무로 우두머리가 되어야 합니다. 그러기 위해서는 큰 땅에 뿌리를 내리고 살아가야 합니다. 또한 나무를 키워내기 위해서는 물이 필요합니다.

상관	일원	편재	정재
丁	甲	戊	己
卯	戌	辰	酉
겁재	편재	편재	정관

木(2)	火(1)	土(4)	金(1)	水(0)

甲 乙	辛丁戊	乙癸戊	庚 辛

88	78	68	58	48	38	28	18	8.0
己	庚	辛	壬	癸	甲	乙	丙	丁
未	申	酉	戌	亥	子	丑	寅	卯

십신으로 본다면 편재가 셋이고, 정재가 하나입니다. 여덟 글자 중 네 글자가 재성입니다. 얼핏 보기에는 재물이 엄청 많은 사주로 보이지만 재성이 너무 많아서 신약해지는 사주입니다.

재물도 내가 강해져야 돈이 됩니다. 그렇다면 이 사주는 자신에게 없는 수기운과 또 자신을 강하게 해주는 목기운이 들어올 때 재물을 취할 수 있습니다. 대운을 보면 목기운과 수기운이 처음부터 67세까지 이어지고 있습니다.

대학교수를 지냈으며 30대에 교무처장이 되었고 지금은 광고회사 대표이사로 있는 사람의 사주입니다.

7장

사주 해석의 핵심 키워드 용신

1

용신의 의미

명리학에서 용신用神이란 나를 도와주는 오행으로, 사주를 해석하는 데 가장 핵심적인 키워드입니다. 용신은 따로 있는 것이 아니라 사주팔자의 풀이를 통해서 찾아보는 겁니다.

명리학을 공부하는 사람들이 늘 하는 말이 있습니다. "용신만 찾으면 명리학의 대부분을 아는 것이다"라고 말입니다. 그만큼 용신을 찾는 것이 만만치 않은 작업이며, 어떤 경우에는 사주를 해석하는 사람들마다 자신들이 보는 용신이 다른 경우도 있습니다.

용신은 일간日干을 중심으로 사주의 균형을 잡아줘서 일간을 안정시키는 글자를 말합니다. 즉, 어떤 사주는 일간의 힘을 지나치게 빼앗는 경우가 있는데 이때는 일간을 돕던지 아니면 힘을 빼앗는 글자를 억제시키는 글자가 용신이 됩니다. 용신은 사주내에서 균형자의 역할을 한다고 보시면 됩니다.

용신을 도와주는 글자를 희신喜神이라고 합니다. 용신을 도와주는 글자가 있으면 반대로 용신을 방해하고 공격하는 글자도 있습니다. 용신을 공격하는 글자는 기신忌神이라 하고, 그 기신을 도와주는 글자를 구신仇神이라 합니다.

사주를 해석할 때 나의 운이 용신운이나 희신운으로 흐르면 좋다고 하고, 반대로 기신운이나 구신운으로 흐르면 나쁘다고 해석합니다. 그러면 나의 사주에서 용신은 무엇이고, 용신을 도와주는 희신은 무엇인지를 찾는 방법을 알아보도록 하겠습니다.

2

강한 것은 억누르고 약한 것은 도와준다 억부용신

사주는 구성에 따라 신강사주와 신약사주로 구분해볼 수 있습니다. 특히 신강사주와 신약사주를 구분하기 위해서는 앞서 살펴봤던 십신을 이용해야 합니다.

신강사주란 일간의 역량이 인성(정인, 편인)과 비견, 겁재 등에 의해 강화된 것을 말합니다. 그리고 신약사주란 일간의 역량을 약화시키는 것으로 식상(식신, 상관), 재성(정재, 편재), 관성(정관, 편관) 등에 영향을 받습니다.

신강과 신약을 구분하는 데 가장 중요한 글자는 바로 월지月支입니다. 월지에 인성과 비겁이 자리하고 있으면 신강사주가 될 가능성이 크고, 월지에 식재관이 자리하고 있으면 신약사주가 될 가능성이 큽니다. 물론 월지 이외의 자리에 일간의 뿌리가 되는 십신이 있으면 결코 약하다고 말하지는 않습니다. 그러나 만약 일간이 약하면 일간의 역량을 강화시켜주는 글자가 용신이 되고, 반대로 일간이 강하면 일간의 역량을 덜어주거나 제압해주는 글자가 용신이 됩니다.

몇 가지 상황을 구분해서 알아보도록 하겠습니다.

신약사주의 용신

① 식상이 많아서 신약사주인 경우

식신과 상관은 일간의 생을 받습니다. 바꿔 말하면 비견과 겁재는 식상을 살리기 위해 자신의 힘을 써야 합니다. 따라서 식상이 많으면 일간의 역량이 약화됩니다.

그렇다면 일간을 보충해주는 인성이 용신이 됩니다. 예를 들어 일간이 수水인 경우 금생수金生水로 금金이 용신이 됩니다. 마찬가지로 수생목水生木, 목생화木生火, 화생토火生土, 토생금土生金 상생의 원리로 나의 일간을 생해주는 오행이 용신이 됩니다.

② 재성이 많아서 신약사주인 경우

재성은 내가 극하는 오행입니다. 당연히 내 힘을 빼앗아가는 오행이므로 나를 보호해야 합니다. 그런데 오행으로 보면 재성은 나를 생해주는 인성을 극하는 글자가 됩니다.

재성이 많아서 신약한 경우에는 인성을 쓰지 않고 비견과 겁재에 해당하는 글자를 용신으로 씁니다. 따라서 일간과 같은 오행이 용신이 됩니다.

③ 관성이 많아서 신약사주인 경우

관성은 나를 극하는 오행입니다. 당연히 나를 힘들게 하는 오행이므로 내 기운을 보충해야 합니다.

이때는 관성의 힘을 빼주는 것이 중요합니다. 즉, 관성은 인성을 생해주는 오행이 되므로 인성을 용신으로 삼아 관성의 힘을 빼주는 것이 필요합니다. 목생화, 화생토, 토생금, 금생수, 수생목 상생의 원리로 나의 일간을 생하는 오행이 용신이 됩니다.

신강사주의 용신

① 비겁이 많아서 신강사주인 경우

비겁이 많아서 신강하게 된 사주는 식상, 재성, 관성 중 하나가 용신이 됩니다.

식상은 나의 기운을 설기시켜주는 오행입니다. 여기서 설기란 힘을 빼주는 것을 말합니다. 재성은 내가 극하는 오행이고, 관성은 나를 극하는 오행이 됩니다. 그러나 재성은 강한 비겁에게 공격을 당하는 입장이므로 재성을 용신으로 쓰는 것은 그다지 좋은 선택은 아닙니다. 예를 들어 갑목甲木 일원에 천간에 을목이나 지지에 인목, 묘목이 들어 있는 경우 화기운이 식상이 되고, 토기운은 재성이 되며, 금기운이 관성이 됩니다. 이때 제일 좋은 것은 화기운을 용신으로 보던지 아니면 금기운을 용신으로 보는 것이 좋다는 겁니다.

② 인성이 많아서 신강사주인 경우

인성은 식상을 공격하는 오행입니다. 그래서 식상을 용신으로 쓰는 것은 적절치 못합니다.

이때는 인성을 제압하는 재성을 용신으로 쓰면 좋습니다. 예를 들어 임수壬水 일원인 사주가 있다고 하면 인성은 금기운이 됩니다. 천간에 경금이나 신금辛金 또는 지지에 신금申金 또는 유금이 있는 경우 인성이 많다고 합니다. 이때는 내 입장에서는 재성이 되는 화기운을 쓰면 화극금을 통해서 인성을 억제할 수 있으니 화기운이 용신이 된다고 볼 수 있습니다.

③ 인성과 비겁에 의해 신강사주인 경우

인성과 비겁이 어우러져 있으면 식상, 재성, 관성 중 가장 유력한 글자가 용신이 됩니다.

예를 들어 병화丙火 일원에 목기운인 갑목, 을목, 인목, 묘목은 인성이 되고, 병화, 정화, 오화, 사화 등은 비겁이 됩니다. 이런 글자들이 많은 경우 토기운은 식상이되고, 금기운은 재성이되며, 수기운은 관성이 됩니다. 각각의 식재관과 관련된 오행 중 뿌리가 튼튼하고 천간에 드러난 것을 용신으로 볼 수 있습니다.

2

자연의 이치에 따라 조화롭게 한다 조후용신

명리학은 자연현상과 밀접한 관계가 있습니다. 오행을 목화토금수로 구분하고 이들이 어떻게 어우러져 만물을 소생시키느냐를 통해서 한 사람의 명과 운을 해석합니다.

조후용신調喉用神에서 조후란 차가운 사주를 가졌느냐 더운 사주를 가졌느냐, 메마른 사주를 가졌느냐 습한 사주를 가졌느냐를 따지는 것입니다. 차가운 사주라면 온기를 불어넣어줄 수 있는 오행을 용신으로, 더운 사주라면 더운 기운을 식혀줄 수 있는 오행을 용신으로 삼는 겁니다. 또한 사주가 너무 습하면 이를 말려줄 수 있는 오행을, 사주가 너무 건조하면 물기를 보충해줄 수 있는 오행을 용신으로 삼게 됩니다.

예를 들어 어떤 사주에 수기운이 넘쳐난다고 해봅시다. 수기운은 북쪽과 겨울을 의미하므로 따듯한 기운을 불어넣어주는 것이 좋습니다. 이때는 봄기운인 목이나 여름기운인 화를 용신으로 삼을 수 있습니다. 반대로 어떤 사주에 화기운이 넘쳐나는 경우 남쪽과 여름을 상징하는 화기운을 다스릴 수 있는 토, 금, 수기운을 용신으로 삼게 됩니다. 이렇게 조후를 통해서 사주의 균형을 잡을 수 있습니다.

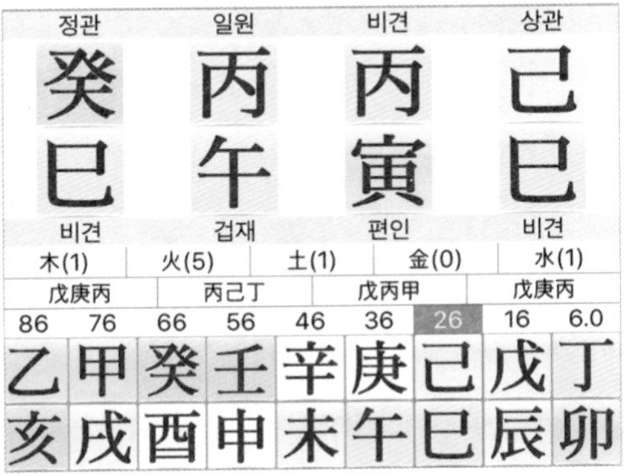

정관	일원	비견	상관
癸	丙	丙	己
巳	午	寅	巳
비견	겁재	편인	비견

木(1)	火(5)	土(1)	金(0)	水(1)

戊庚丙	丙己丁	戊丙甲	戊庚丙

86	76	66	56	46	36	26	16	6.0
乙	甲	癸	壬	辛	庚	己	戊	丁
亥	戌	酉	申	未	午	巳	辰	卯

조후용신을 예를 들어보겠습니다. 위 사주는 지나치게 덥고 메마르

다고 볼 수 있습니다. 사주원국에 드러난 글자를 중심으로 본다면 계수癸水가 조후용신이 됩니다. 계수를 도와줄 수 있는 금기운이나 수기운으로 대운이 흘러가면 조후가 맞아서 사주가 편안해지게 됩니다. 그러나 수기운을 공격하는 토기운이나 화기운으로 대운이 흘러가면 계수가 말라버릴 수 있기 때문에 조심해야 한다고 봅니다.

4

오행의 흐름이 원활하게 한다 통관용신

통관용신通關用神을 이해하기 위해서는 오행의 상생구조를 생각하면 됩니다. 사주는 오행의 흐름이 원활하게 구성된 경우를 좋게 봅니다. 그런데 어떤 사주는 오행이 서로 상생하기는커녕 상극하는 구조를 가지는 경우가 있습니다. 이때 서로 극하는 오행을 상생구조로 만들어줄 수 있는 용신을 통관용신이라 합니다.

예를 들어 어떤 사주가 목과 금으로만 이루어져 있다고 봅시다. 금기운은 목을 공격하려 할 테고, 만약 목기운이 더 강하면 금이 부러지는 경우도 생길 수 있습니다. 이때는 목과 금을 화해시킬 수 있는 오행, 즉 수기운을 용신으로 삼으면 됩니다. 금생수金生水, 수생목水生木으로 상생의 구조를 만들 수 있습니다.

- 통관용신 -		
사주오행	상생구조	용신
목+토	목생**화**, **화**생토	화
화+금	화생**토**, **토**생금	토
토+수	토생**금**, **금**생수	금
금+목	금생**수**, **수**생목	수
수+화	수생**목**, **목**생화	목

다음 사주를 통해서 통관용신을 살펴보겠습니다. 사주원국에 오행은 목, 화, 금 세 개로만 이루어져 있습니다. 강한 갑목甲木에게 가장 필요한 것은 바로 화기운입니다. 그런데 화기운도 지금 강한 모습입니다. 그렇다면 그것을 설기할 수 있는 토기운이 필요합니다. 토기운을 통관용신으로 보면 목생화, 화생토, 토생금 순으로 순행을 할 수 있습니다. 이 사주는 토기운으로 흘렀을 때 가장 좋은 능력을 발휘할 수 있었던 사주입니다.

식신	일원	비견	편관
丙	甲	甲	庚
寅	午	申	午
비견	상관	편관	상관

木(3)	火(3)	土(0)	金(2)	水(0)

戊丙甲	丙己丁	戊壬庚	丙己丁

89	79	69	59	49	39	29	19	9.0
癸	壬	辛	庚	己	戊	丁	丙	乙
巳	辰	卯	寅	丑	子	亥	戌	酉

대만의 명리학자 송영성은 하나의 팔자에 희용은 억부용신을 5점, 조후용신을 3점, 통관용신을 2점으로 계산하여 10점 만점으로 할 경우 하나의 오행이 억부, 조후, 통관의 역할을 하면 10점 만점으로 가장 좋다고 말했습니다.

5

특별히 치우친 사주의 용신

사주 중에는 특별히 하나의 오행으로 치우친 사주가 있습니다. 이렇게 한쪽으로 치우친 사주를 편고된 사주라고 합니다. 이때는 용신에 대한 개념에 변화를 줘야 합니다.

앞서 용신이란 일간을 중심으로 했을 때 사주에 균형을 잡아주는 핵심오행이라고 했습니다. 약하면 보충해주고 지나치면 덜어내는 작용을 하죠. 그런데 한쪽으로 치우친 사주는 자칫 잘못 건들면 오히려 좋지 않은 결과를 얻을 수 있습니다. 그래서 이때는 강한 오행을 따라가는 것을 용신으로 보게 됩니다.

목기운이 지나치게 강하면 목을 용신으로 수를 희신으로, 화기운이 지나치게 강하면 화를 용신으로 목을 희신으로, 토기운이 지나치게 강하면 토를 용신으로 화를 희신으로, 금기운이 지나치게 강하면 금을 용신으로 토를 희신으로, 수기운이 지나치게 강하면 수를 용신으로 금을 희신으로 보게 됩니다.

앞으로 사주원국을 많이 접하게 되면 차츰 용신이 눈에 보이게 됩니다. 그러나 초보자들의 경우 용신을 찾는 것이 너무 힘들어 포기하는 경우가 많습니다. 그래서 간단히 용신을 찾는 방법을 정리하면 다음과 같습니다. 일단, 이 정도만 적용해도 사주 해석에는 큰 어려움이 없을 겁니다.

① 사주에 없는 글자를 용신으로 본다.

② 다만, 금金 일간인 경우 화火는 가급적 피한다.

③ 사주에 4자 이상 같은 오행이 있는 경우에는 그 오행을 따라간다.

실전연구

내 사주에서 용신을 찾아보자

앞에서 사례로 살펴보았던 사주원국을 통해서 용신을 찾아보고, 또 대운의 흐름을 고려해 운의 좋고 나쁨을 해석해보도록 하겠습니다.

비견	일원	편관	식신
壬	壬	戊	甲
寅	寅	辰	辰
식신	식신	편관	편관

木(3)	火(0)	土(3)	金(0)	水(2)

戊丙甲	戊丙甲	乙癸戊	乙癸戊

84	74	64	54	44	34	24	14	4.0
丁	丙	乙	甲	癸	壬	辛	庚	己
丑	子	亥	戌	酉	申	未	午	巳

위 사주는 인성과 재성이 없는 사주입니다. 특히 식신과 편관이 각 세 개씩 자리하고 있어 일간의 힘을 빼가는 신약한 사주로 볼 수 있습니다. 그래서 일간에 힘을 보충해주는 수기운과 금기운을 필요로 합니다. 특히 금기운은 사주에 없는 오행으로 이 사주에서 가장 필요한 오행입니

다. 금기운은 억부용신이 되기도 하고, 또 통관용신이 되기도 합니다.

앞의 사주에서 금기운인 인성은 학업과 관련이 있는 운입니다. 14대운 이후 금기운과 수기운으로 이어지는 모습을 보입니다. 특히 53대운까지 금기운과 수기운으로 운이 흘러 학업을 이어갈 수 있었습니다.

그러나 이 사주에는 결실을 의미하는 재성, 즉 화기운이 자리 잡지 못하고 있습니다. 어려서 나타난 화기운은 친구들과 어울려 다니거나 여학생들 꽁무니를 따라다니는 정도의 역할밖에 하지 못합니다. 그래서 공부를 열심히 하긴 하되 그 결실을 알 수 없어 운이 올 때마다 계속 공부를 해야 합니다. 74대운에 이르러 비로소 재성인 병화가 나타납니다. 대체로 용희신운이 일생을 관통하고 있어 큰 재물을 얻지는 못해도 나름대로의 본분은 다하고 살 수 있는 사주라고 볼 수 있습니다.

8장

오행의 물상만으로 사주 해석하기

1

오행의 물상

전통적인 사주명리를 공부하다보면 용신을 찾는 것이 어렵다고 합니다. 그래서 술사들 중에는 용신을 무시하고 사주에 드러난 음양오행만으로 해석을 해야 한다고 주장하는 사람들도 있습니다.

사실 용신이란 것도 사주 해석을 보다 정확하게 하기 위해서 찾는 건데요. 만약 용신을 찾지 않고서도 사주를 정확히 해석할 수 있다면 그것도 의미 있는 일입니다. 최근 우리나라에서 자생적으로 연구되고 발전되어온 사주 해석 방법 중 물상명리 분야가 있습니다. 여기서는 용신을 찾지 않고 사주물상으로 해석하는 방법을 살펴보도록 하겠습니다.

목: 나무는 위로 성장한다

목木은 위로 성장하는 것을 의미합니다. 특히 나무, 목재, 섬유, 교육, 인재, 사람, 건축물, 출판 등을 상징합니다.

① 갑목甲木: 갑목은 큰 나무입니다. 그래서 우두머리, 즉 리더의 요소를 지니고 있습니다.

거목이 심어지기 위해서는 큰 땅(무토戊土)이 필요합니다. 그리고 적당한 물과 햇빛도 필요합니다. 큰 나무가 뿌리를 제대로 내리기 위해서는 부드러운 땅보다는 자갈이 있는 땅이라야 좋습니다. 큰 나무가 뿌리로 자갈을 휘어 감고 있으면 어지간한 바람에도 쓰러지지 않고 굳건할 수 있습니다.

나무를 심을 큰 땅이 없으면 결실이 약합니다. 목木의 재성財星은 토土이기 때문입니다. 또한 수水, 즉 물이 없으면 생장이 어렵습니다. 목에게 수는 어머니와 같은 인성印星이기 때문입니다. 목에게 화火, 즉 햇빛이 없으면 꽃을 피우기 어렵습니다. 화는 목에게 식상食傷이기 때문입니다. 목에게 금이 없으면 땅에 뿌리를 튼튼히 내릴 수 없습니다. 나무를 예쁘게 다듬을 도끼나 가위와 같은 도구가 없기 때문입니다.

특히 갑목이 갑목을 또 만나는 것은 좋지 않습니다. 큰 나무가 서로 경쟁을 하게 되면 갑갑한 상황이 오기 때문입니다.

② 을목乙木: 을목은 화초花草와 같습니다. 정원을 아름답게 수놓는 예쁜 꽃나무입니다. 그래서 가정과 깊은 관련이 있습니다.

화초는 집안 정원에 심어져 있어야 아름답습니다. 집안 정원은 작은 땅, 즉 기토己土를 말합니다. 만약 꽃나무가 광활한 황무지에 심어져 있으면 잡초에 불과하게 됩니다. 꽃이 피기 위해서는 적당한 물과 햇빛이 필요합니다. 그리고 정원의 꽃나무는 가위로 계속 다듬어줘야 더욱 아름답게 됩니다.

갑목과 같이 화초를 심을 땅이 없으면 결실을 맺을 수 없고, 물이 없으면 성장이 어렵습니다. 햇빛이 없으면 꽃을 피울 수 없습니다. 가위가 없으면 아름답게 다듬어지기 어렵습니다.

특히 을목이 을목을 만나는 것은 좋지 않습니다. 뿌리가 엉켜 자라지 못하기 때문입니다.

화: 불은 세상을 밝힌다

화火는 불 또는 세상을 밝히는 것을 의미합니다. 특히 교육, 아름다운 것, 보이는 것, 정신세계, 종교, 주식, 방송, 예술, 관광, 레저, 전기 전자, 컴퓨터 등을 상징합니다.

① 병화丙火: 병화는 태양을 의미하고 밝은 낮 시간을 상징하므로 현실세계와 관계 깊습니다. 태양은 하나이므로 최고의 지도자를 의미하기도 합니다.

태양은 낮 시간에 떠 있어야 세상을 비출 수 있습니다. 병화에게 재성은 금金이고 관성은 수水가 됩니다. 화생토火生土의 경우 토가 너무 많으면 화토 중탕重湯이 되며 종교인의 사주에서 많이 보입니다.

병화는 밤에는 빛을 발하기 어렵습니다. 지지나 대운에서 밤 시간으로 흐르면 좋지 않게 봅니다. 그리고 병화에 또 다른 병화가 오면 태양이 둘이 되어 더 밝아지는 것처럼 보이지만 실상은 태양이 빛을 잃고 어두워진다고 해석합니다. 태양은 하나여야 합니다.

만약 병화가 둘 있으면 큰 나무, 즉 갑목甲木으로 하나를 가려주거나, 큰 호수인 임수壬水가 두 개일 경우 각각의 호수에 태양이 떠야 합니다. 그리고 안개비인 계수癸水가 태양 하나를 가려주는 것도 괜찮습니다.

② 정화丁火: 정화는 별이나 달로 봅니다. 경우에 따라서는 가로등으로 보는 경우도 있습니다. 정화를 달로 보는 경우는 사주원국에 큰 호수, 즉 임수壬水가 있을 때이며, 가로등으로 보는 때는 사주원국에 수水가 없는 경우입니다.
어둠 속에서 불을 밝혀 사람을 인도하는 역할을 하기 때문에 정신적 지도자나 보이지 않는 지도자를 의미합니다. 특히 조직에서는 명령 계통에 있는 사람이라기보다는 스태프 역할을 하는 사람을 의미합니다.
정화는 병화와는 달리 밤 시간에 제 역할을 합니다. 만약 지지나 대운이 낮 시간으로 흐르면 자신의 빛을 잃어버리게 되어 제 기능을 하지 못합니다. 정화에게 재성은 금金이고 관성은 수水가 됩니다. 병화와 마찬가지로 토가 지나치게 많으면 화토중탕이 됩니다. 병화와 마찬가지로 정화가 중복되면 빛이 어두워집니다.
특히 병화丙火와 함께 정화丁火가 있게 되면 병정 갈등이라고 해서 현실과 이상세계에 대한 정신적 갈등을 겪게 됩니다. 이런 경우에는 시차를 벌릴 수 있는 해외에서의 생활이 하나의 해결책이 됩니다.

토: 흙은 만물의 터전이다

토土는 만물을 길러내는 터전입니다. 특히 땅, 흙, 부동산, 종교, 터전, 조상, 고향, 교육 등을 상징합니다.

① 무토戊土: 무토는 넓은 땅 그리고 밭과 같습니다. 밭이 제 기능을 하기 위해서는 나무 또는 곡식이 심어져 있어야 합니다.
토에게 있어 나무, 즉 목은 관성官星입니다. 곡식을 길러내기 위해서는 적당한 물과 햇빛이 필요하고, 곡식이 다 길러지고 나면 추수를 해야 합니다. 이때는 연장, 즉 금金이 필요합니다.

밭에 나무나 곡식이 없으면 황무지가 되어버립니다. 또 적당한 물이 없으면 땅이 마르고 갈라져 제 기능을 할 수 없습니다. 무토에게 물은 재성財星을 의미합니다. 햇빛이 없으면 곡식을 길러내지 못합니다. 무토에게 햇빛, 즉 화는 인성印星을 의미합니다. 도구가 없으면 추수를 못 하게 됩니다. 무토에게 금은 식상食傷

에 해당합니다.
다른 오행과는 달리 무토와 무토가 같이 있으면 땅이 넓어지는 모습을 합니다. 그래서 좋게 봅니다.

② 기토己土: 기토는 집안에 있는 정원과 같습니다. 정원에는 꽃나무가 심어져 있어야 합니다.
꽃을 아름답게 피우기 위해서는 적당한 물과 햇빛이 필요합니다. 정원의 꽃나무는 가위로 다듬어줄 경우 더욱 아름다워집니다.

정원에 꽃나무가 없으면 정원은 아무런 쓸모도 없게 됩니다. 물이 없으면 꽃나무를 키울 수 없고, 햇빛이 없으면 꽃을 피우지 못합니다. 가위가 없으면 야생화와 같은 신세가 됩니다.
특히 기토와 기토가 둘 있으면 땅이 넓어진다고 보기보다는 가정이 둘 있다고 봅니다. 기토는 구획이 정해진 땅으로 보면 됩니다. 지자체의 선출직 공무원 사주에 기토가 있는 경우가 많습니다.

금: 쇠로 도구를 만든다

금金은 추수를 하듯 거두어들이는 것을 의미하기도 하고, 감추어 저장하는 하는 것을 의미하기도 합니다. 그래서 마무리, 금속성, 권위 또는 권력, 서양, 외국어 등을 상징합니다.

금은 문과로 보면 법, 경제, 경영을 의미하고 이과로 본다면 의학, 생명공학 등을 의미합니다.

① 경금庚金: 경금은 큰 칼을 의미합니다. 큰 칼을 찬 사람은 지위가 높은 사람을 의미합니다.
칼은 물이 있어야 칼날을 벼릴 수 있습니다. 그래야 능력을 발휘합니다. 금은 물을 좋아합니다. 그래서 경금이 물을 만나면 숙살지권肅殺之權을 지니게 됩니다. 즉, 다른 사람의 생사를 결정하는 권력을 가질 수 있다는 말입니다. 큰 칼을 제대로 쓰기 위해서는 손잡이, 즉 목木이 필요합니다. 금에게 목은 재성財星이 됩니다.

칼은 만들어지는 과정에서 이미 불을 이용했기 때문에 다시 화火를 만나는 것은 좋지 않습니다. 칼이 무뎌질 수 있고 또 칼자루가 불에 타서 없어질 수 있기 때문입니다. 금은 그 자체로 권력을 의미하는데 금에게 화는 관성官星이기 때문입니다. 그러나 경금에게 토가 너무 많으면 칼이 흙 속에 묻혀버리게 됩니다.

경금에게 또 다른 경금이 있게 되면 칼자루도 두 개가 되어야 합니다. 그래야 제대로 쓸 수 있습니다.

② 신금辛金: 신금은 작은 칼을 의미합니다. 경금과 마찬가지로 신금도 무조건 물이 있어야 능력을 발휘할 수 있습니다.

작은 칼도 제대로 쓰기 위해서는 칼자루가 있어야 합니다. 경금과 마찬가지로 불은 필요 없습니다. 만약 불이 있다면 그 불을 끌 수 있는 물이 있으면 됩니다. 칼을 묻어버릴 수 있는 토는 필요 없습니다.

칼자루가 없으면 능력을 발휘할 수 없고, 불이 있으면 칼이 무뎌지거나 칼자루가 타서 없어질 수 있습니다. 물이 있으면 숙살지권을 쥐게 됩니다.

신금에게 또 다른 신금이 있게 되면 칼자루가 둘이 되어야 합니다. 그러나 두 개의 신금에 칼자루가 하나만 있으면 이때는 가위로 보기도 합니다.

수: 물은 흘러야 한다

수水는 의미 그대로 흐르는 것, 움직이는 것, 스며드는 것을 말합니다. 그리고 해외, 유통업, 음식 등을 상징합니다.

① 임수壬水: 임수는 큰 강물이나 호수를 의미합니다. 물은 제방, 즉 토土가 있어야 물길을 만들어 제대로 흐를 수 있습니다.
임수에게 토는 관성官星이 됩니다. 주변에 적당한 나무가 있으면 수위조절이 가능합니다. 그리고 물이 많아 습하면 햇빛도 필요합니다. 임수에게 햇빛, 즉 화는 재성財星이 됩니다. 물은 근원지가 중요합니다. 그 근원지는 바위, 즉 금金이 되고 금은 임수에게 인성印星이 됩니다. 임수에게 근원지가 있으면 마르지 않는 샘이 됩니다.

제방인 토가 없으면 어느 곳으로 흐를지 알 수 없게 되고 또 넘쳐흘러 제멋대로 움직이게 됩니다. 나무가 없으면 수량조절이 안 되며, 햇빛이 없으면 결실을 맺기 어렵습니다. 또한 수원지인 금이 없으면 오랫동안 흘러가지 못하게 됩니다.
임수에 임수가 하나 더 있으면 수량이 많아진다고 보기도 하지만, 호수가 둘이 되어 태양이나 달이 뜰 때 어느 곳으로 뜰지 모르는 난감한 상황에 처하기도 합니다.

② 계수癸水: 계수는 시냇물이나 샘물과 같습니다. 계수도 제방이 있어야 물길을 제대로 잡아 잘 흘러갈 수 있습니다.
주변에 적당한 나무가 있어야 만물을 소생시키는 물의 기능을 제대로 할 수 있습니다. 너무 습하면 안 되니 햇빛이 있어야 하고 물이 유입되는 근원지, 즉 금金이 있으면 마르지 않는 샘이 됩니다.

제방이 없으면 어느 곳으로 흘러갈지 알 수 없게 됩니다만, 계수는 작은 물이므로 토가 너무 많으면 물이 스며들어 흔적이 없어지게 됩니다. 나무가 없으면 수량조절이 되지 않고, 불이 없으면 결실이 약합니다. 그리고 바위가 없으면 오랫동안 흘러가지 못하게 됩니다.
사주원국에 계수에 또 하나의 계수가 있으면 두뇌가 비상한 사람으로 판단합니다.

2

오행의 물상 스토리

명리학은 음양과 오행의 생극제화를 통해서 사람의 운명을 해석하는 학문입니다. 요즘은 대학에서 박사학위까지 수여하고 있고 또 관련된 논문이 계속 발표되고 있기 때문에 학문이라는 표현을 써도 전혀 어색하지 않은 분야입니다.

사주를 해석하는 방법은 매우 다양합니다. 하나의 공식이 존재하는 것이 아니라 긴 역사를 가지고 전해진 것인 만큼 각자가 해석하는 방법이 서로 달라 하나로 통일된 해석법이 존재하지 않습니다.

사주를 해석하는 방법 중 물상명리라는 분야가 있습니다. 소위 부산 박도사라고 불리는 제산 선생이 완성한 사주 해석 방법입니다. 물상법은 음양과 오행의 조화를 통해서만 사주를 해석합니다. 물상법의 특징은 명命의 태극성취론과 명命의 시간론으로 정리할 수 있습니다.

명의 태극성취론

동양학에서는 우주를 음양오행으로 설명하고 있습니다. 태극이란 음과 양이 분화되기 전인 무극無極에서 음양이 갈라지려고 하는 것을 형상화한 것입니다. 즉, 무극에서 태극으로 태극에서 음양의 양의가 생기고 양의로 인해 사상四象을 이루고, 사상이 팔괘로 또 팔괘가 64괘로 분화되어나갑니다.

우리가 알고 있는 태극은 ☯과 같이 음양이 반으로 나누어진 정교한 모양입니다. 그러나 앞서 살펴본 바와 같이 개개인의 사주에서는 오행이 모두 갖춰지지 못한 경우도 많이 볼 수 있었습니다. 즉, 사람들에게 주어진 태극이 모두가 같은 모양새는 아니란 말입니다. 어쩌면 뭔가 부족하거나 불균형한 태극의 존재도 생각해봐야 한다는 겁니다. ◐◑◔◕☉ 이런 모양의 태극 말입니다. 결국 자신의 사주원국은 불완전한 태극을 의미하는 것이고, 10년 단위로 흘러가는 대운을 통해서 균형을 잡아가는 과정으로 보는 겁니다.

사람들은 자신에게 주어진 불균형한 태극을 균형이 잘 잡힌 ☯모양의 태극으로 만들기 위해 부족한 것은 채우고 넘치는 것은 덜어내는 일을 하게 됩니다. 그래서 궁극적으로 ☯모양의 태극을 완성해나가는 겁니다. 이것을 명命의 태극성취론이라고 합니다.

예를 들어 사주에 목木기운이 부족한 사람은 목을 보충하기 위해 목과 관련된 일, 예를 들면 사람을 자주 만난다든지 공부를 한다든지 하는 일을 통해 목기운을 보충합니다. 그리고 사주에 수水기운이 부족한 사람들은 수를 보충하기 위해 수와 관련된 일, 예를 들어 심신수련을 한다든지, 아니면 해외를 오고가는 일을 한다든지 하면서 수기운을 보충해 나갑니다.

없는 것을 보충하는 것은 물론이고 태극의 균형을 이루기 위해 많은 것은 덜어내고 부족한 것은 채워나가는 것을 직업을 통해서 하든지 아니면 결혼을 통해서 해결하려고 합니다. 물상법에서는 이런 과정을 짚어가면서 사주를 해석하게 됩니다.

근묘화실			
사주	사근	가족	연령
연주	근根	조부모·국가	1세 ~ 20세
월주	묘苗	부모·형제·자매	21세 ~ 40세
일주	화花	본인·배우자	41세 ~ 60세
시주	실實	자녀·손주	61세 ~

명의 시간론

시간은 언제나 흘러갑니다. 시간이 흐른다는 것은 불변의 사실입니다. 시간이 흐른다는 것은 사람의 운명도 변해간다는 뜻입니다. 좋은 운에서 나쁜 운으로 또 나쁜 운에서 좋은 운으로 흘러가는 것이 운명입니다.

명리학은 일간을 자신으로 봅니다. 그리고 연, 월, 일, 시는 시간의 흐름과 관계가 있습니다. 먼저 근묘화실根苗花實 측면에서 보면 연주는 나의 뿌리根이므로 국가, 조부모 또는 부모의 자리로 봅니다. 월주는 싹苗으로 부모 또는 형제의 자리를 의미하고, 일주는 꽃花으로 일간은 자신을 의미하고 일지는 배우자 자리를 의미합니다. 시주는 열매實로 자녀 자리입니다. 그래서 연, 월, 일, 시를 통해 사람의 인연을 판단합니다.

어려서는 부모님과의 인연이 중요하고, 자라면서 형제와 배우자와의 인연이 중요하며, 늙어서는 자식들과의 인연이 중요합니다.

따라서 사주를 인생 측면에서 보면 각 주마다 20년 정도씩을 계산하면 됩니다. 연주는 태어나서부터 20세까지를, 월주는 21세에서 40세까지를, 일주는 41세에서 60세까지를, 시주는 61세에서 마지막까지의 운을 주관한다고 볼 수도 있습니다.

명命의 시간론으로 보면 사주의 연, 월, 일, 시의 흐름과 어떤 오행으로 수렴하는가를 통해 사람의 직업과 재물운을 가늠해 볼 수 있습니다.

예를 들어 임수壬水 일주가 시지에 병진丙辰으로 간다면 임수에게 있어 병화丙火는 재물을, 진토辰土는 명예를 의미하므로 결국 재물을 통해서 명예를 얻는 쪽으로 흘러간다고 해석하게 된다는 겁니다. 앞으로 더 많은 공부를 통해서 자신의 사주를 해석해보시기 바랍니다.

실전연구
물상으로 재물운을 찾아보자

자신의 사주를 가지고 오행물상을 통해서 스토리를 만들어보시기 바랍니다. 여기서는 애플의 창업자 스티브 잡스의 사주를 통해서 물상 스토리를 전개하는 방법을 소개해보겠습니다.

다음 사주는 스티브 잡스의 사주입니다.

겁재	일원	식신	정인
丁	丙	戊	乙
酉	辰	寅	未
정재	식신	편인	상관

木(2)	火(2)	土(3)	金(1)	水(0)

庚 辛	乙癸戊	戊丙甲	丁乙己

87	77	67	57	47	37	27	17	6.6
己	庚	辛	壬	癸	甲	乙	丙	丁
巳	午	未	申	酉	戌	亥	子	丑

스티브 잡스는 1955년 2월 24일에 태어났습니다. 병화丙火 일주로 태양과 같은 사람입니다. 태양은 낮 시간에 빛을 발하고 밤 시간이

되면 빛을 잃게 됩니다. 스티브 잡스의 경우 인생의 4분의 1만 낮 시간(미토未土)이고 나머지는 밤 시간(유酉, 진辰, 인寅)을 의미합니다. 그리고 대운의 흐름을 봐도 인생 후반에 가야 낮 시간이 됩니다.

지지를 통해서 시간을 정하는 방법은 다음 표와 같습니다. (우리나라 시간은 동경 135도를 기준으로 하기 때문에 기준시에서 30분을 더해줘야 정확한 시간을 알 수 있습니다.) 사시, 오시, 미시에 해당하는 시간을 낮 시간으로 나머지는 밤 시간으로 해석합니다. 시간으로 보면 진시와 신시도 낮 시간으로 볼 수 있으나, 명리학에서는 진시와 신시는 삼합 중 하나인 신자진申子辰으로 수기운이 된다고 하여 밤 시간으로 해석합니다.

자시子時	23:30 ~ 01:29
축시丑時	01:30 ~ 03:29
인시寅時	03:30 ~ 05:29
묘시卯時	05:30 ~ 07:29
진시辰時	07:30 ~ 09:29
사시巳時	09:30 ~ 11:29

오시午時	11:30 ~ 13:29
미시未時	13:30 ~ 15:29
신시申時	15:30 ~ 17:29
유시酉時	17:30 ~ 19:29
술시戌時	19:30 ~ 21:29
해시亥時	21:30 ~ 23:29

다시 스티브 잡스의 사주로 돌아와서 병화, 즉 태양은 혼자 떠 있어야 하는데 시간에 달(정화丁火)까지 같이 있어 현실과 이상 사이에서 방황하는 구조를 가지고 있습니다. 태양은 만물을 길러냅니다. 땅에 나무가 심어져 있고 물을 잘 공급해주면 됩니다.

잡스의 사주에는 물이 없습니다. 잡스의 대운을 보면 17세부터 26세까지 수기운이 들어옵니다. 이 때라면 능력을 발휘할 수 있습니다. 물상명리에서는 사주에 없는 오행이 대운에서 왔을 때 능력을 발휘할 수 있다고 봅니다.

37대운에서는 큰 나무인 갑목甲木이 와서 하늘에 태양과 같이 떠 있는 달을 가려줍니다. 드디어 현실세계에서 빛을 발하는 때가 옵니다. 47대운에서는 다시 계수가 와서 내 경쟁상대인 달을 다시 가려줍니다. 57대운에서는 큰 호수(임수壬水)가 생겨 내가 그 호수에 아름답게 뜹니다. 스티브 잡스의 사주는 이런 스토리를 가지고 있답니다.

사주상으로 보면 잡스는 현실과 이상 사이에서 많은 고민을 하던 사람입니다. 큰 나무, 즉 갑목甲木이 와서 정화丁火를 가려주면 자신이 빛날 수 있다고 했습니다.

을해乙亥 대운 갑자甲子년인 1984년에 매킨토시 컴퓨터를 선보이고 성공을 거두기 시작합니다. 그러나 1985년에 경영일선에서 물러납니다. 세운에서 잠시 들어온 운으로 좋았던 겁니다. 다시 갑술甲戌 대운 병자丙子년에 애플로 돌아가 CEO에 오르게 됩니다. 그리고 계유癸酉 대운을 맞이하여 계수가 정화를 충沖해서 없애주면서 비로소 태양인 자신이 완전히 빛나기 시작하고 애플이 스마트폰 아이폰을 내놓음으로써 부와 명예를 손에 쥐게 됩니다. 계수는 명예를 유금은 재물을 뜻합니다. 특히 계수는 정화를 충沖해줌으로써 자신에게 유리한 상황이 된 것이죠.

스티브 잡스는 수기운의 대운으로 흐를 때 자신의 명예가 드러나는 운세를 보였습니다. 그러나 57세가 되는 임신壬申 대운에는 자신을 임수인 호수에 띄웠지만, 신묘辛卯년에 병신합으로 자신이 묶이게 되어 일간이 약해지고, 지지에 인신충으로 월지가 상하고, 묘유충으로 시지가 상하는 등 각종 충극이 한꺼번에 겹치면서 아까운 나이에 세상을 떠나게 됩니다.

물상 스토리를 이용한 사주 해석은 사람이 살아가는 세상 이치를 조금만 깨우쳐도 그 해석이 가능합니다. 여러분의 사주도 이렇게 물상의 스토리를 대입해서 풀어보면 보다 쉽게 사주를 해석해나갈 수 있습니다.

9장

사주 해석 무작정 따라하기

1

사주팔자의 관계로 보는 사주 해석

사주명리를 처음 공부하려는 사람들이 갖는 고민이 있습니다. 천간과 지지를 이해하고, 십신과 용신도 공부를 했는데 도대체 사주를 어떻게 해석해야 하는지 감이 잡히지 않는다는 거지요. 그래서 아주 초보적인 사주 해석의 첫걸음을 시작하려고 합니다.

사주四柱는 연주, 월주, 일주, 시주 네 개의 기둥으로 되어 있습니다. 사주팔자 여덟 자의 의미를 그림으로 표현한 궁위도宮位圖를 보면 그 의미를 쉽게 알 수 있습니다. 다음 표를 보면서 사주팔자의 이름과 그 위치를 확인해보겠습니다.

궁위도			
시주 자녀	**일주** 본인과 배우자	**월주** 부모 또는 형제	**연주** 국가, 조상 및 부모
시간 아들	**일간(일원)** 본인	**월간** 부친 또는 남자 형제	**연간** 조부 또는 부친
시지 딸	**일지** 배우자	**월지** 모친 또는 여자 형제	**연지** 조모 또는 모친

궁위도를 이용한 사주 해석법은 중국의 명리학자인 이후계 선생이 지수명리에서 설명한 것을 발췌해서 정리한 겁니다. 이후계 선생은 사주를 보면 한눈에 좋고 나쁨을 알 수 있다고 해서 직관단명법이라고 이름을 붙였습니다. 여기서는 사주의 여덟 글자들이 각각의 위치에서 어떻게 생하는 구조인지, 극하는 구조인지 아니면 오행이 같은 것인지에 따라서 명을 추론해보는 겁니다.

연주를 기준으로 한 해석

① 연간과 연지가 서로 상생하면 부친과 모친이 화목하고 함께 삽니다. 그중에서 연간이 연지를 생하면 아버지가 어머니를 더 많이 사랑하고, 연지가 연간을 생하면 어머니가 아버지를 더 많이 사랑합니다.

반대로 연주의 간지가 서로 극하는 경우에는 부모의 관계가 좋지 못합니다. 특히 연간이 연지를 극하면 불화의 원인이 아버지에게 있고, 연지가 연간을 극하면 불화의 원인이 어머니에게 있습니다. 연주의 간지가 서로 비겁의 관계를 가지고 있으면 부모의 관계는 정상이고, 가정은 소소한 마찰이 있는 정도입니다.

② 연간과 월간이 서로 생하고 합하면 그 형제가 주로 부친에게 효도하고 순종합니다. 그중 연간이 월간과 합하면 부친이 큰아들을 깊이 사랑하고, 월간이 연간을 생하면 형제가 부친을 존경합니다.
연간과 월간이 서로 극하거나 충하는 관계면 부모와 형제 사이에 불화가 있고 서로 멀리합니다. 연간과 월간이 서로 비겁이면 부자관계는 정상이지만, 서로 사소한 갈등은 있습니다.

③ 연지와 월지가 서로 생하고 합하면 어머니와 자녀 간에 화합합니다. 연지가 월지를 생하여 합하면 모친과 그 자녀가 화합하고, 특히 어머니가 딸을 깊이 사랑합니다. 월지가 연지를 생하고 합하면 여자 형제가 어머니를 잘 따릅니다.
연지와 월지가 서로 비겁이면 모녀관계는 일반적이지만, 연지

와 월지가 서로 극하거나 충하는 관계에 있으면 여자 형제와 어머니의 관계는 냉담하다고 봅니다. 그중 연지가 월지를 충하면 어머니와 자녀의 관계는 원칙적이고, 자애로운 어머니보다는 엄한 어머니가 되는 경우가 많습니다. 월지가 연지를 충하거나 극하면 자녀들이 어머니를 잘 따르지 않게 됩니다.

④ 연간과 일간이 상생하고 합이 되는 경우, 본인과 아버지의 관계가 매우 좋습니다. 그중 연간이 일간을 생하고 합하면 아버지가 본인을 편애할 정도로 사랑합니다. 일간이 연간을 생하면 본인이 부모를 각별히 존경합니다.

반대로 연간과 일간이 서로 극하면 본인과 아버지가 서로 화목하게 지내기 어렵습니다. 연간이 일간을 극하면 엄한 부모가 어린 자녀를 억압하는 꼴이고, 일간이 연간을 극하면 본인이 아버지를 존경하지 않게 됩니다. 연간과 일간이 같은 경우 부자간에 항상 작은 모순이 있습니다.

⑤ 연지와 일지가 상생하고 합하면 부모와 내 아내가 화목하게 한 집에 모여 삽니다. 연지가 일지를 합하고 생하면 부모가 내 아내를 특히 예뻐합니다. 일지가 연지를 생하고 합하면 내 아내가 유

독 어머니를 존경합니다.

일지와 연지가 서로 충하고 극하면 내 아내와 어머니의 관계가 갈등하게 됩니다. 일지가 연지를 충하거나 극하면 그 원인이 처에게 있고, 젊은 사람이 어른들을 존경하지 않습니다. 연지가 일지를 충하거나 극하면 갈등의 원인이 어머니에게 있습니다. 연지와 일지가 비겁관계에 있으면 어머니와 내 아내 사이에 사소한 다툼이 있습니다.

⑥ 연간과 시간이 상생하고 합하면 내 자녀와 내 아버지의 관계가 화목합니다. 연간이 시간을 생하고 합하면 내 아버지가 내 아들을 특히 사랑하고 예뻐합니다. 시간이 연간을 생하고 합하면 내 아들이 할아버지를 매우 좋아합니다.

연간과 시간이 서로 극하거나 충하면 내 아이들과 할아버지의 관계는 비록 한집에 살아도 그다지 좋지 못합니다. 연간이 시간을 극하면 딸들도 그 할아버지를 가까이 하지 않고, 연간과 시간이 비겁이면 할아버지와 내 아이들은 별로 관심이 없는 사이가 됩니다.

⑦ 연지와 시지가 상생하고 합하면 내 어머니와 내 자녀들이 서로

화목하게 지냅니다. 시지가 연지를 생하고 합하면 어린 딸들도 할머니를 떠나지 않습니다.

연지와 시지가 서로 충하고 극하면 내 어머니와 내 딸들이 서로 화목하지 않습니다. 연지와 시지가 서로 비겁이면 내 부모와 아이들이 서로 보통의 관계에 있습니다.

월주를 기준으로 한 해석

① 월주의 간지가 서로 생하는 구조에 있으면 형제자매 사이가 좋습니다. 월간이 월지를 생하면 형들이 자매들을 많이 돕고, 월지가 월간을 생하면 누나들이 맏형을 도와줘서 서로 화목합니다.

월주의 간지가 서로 극하면 이름만 형제일 뿐 서로 등을 돌리게 됩니다. 월주의 간지가 서로 비겁이면 동기간에 서로 모이지도 또 흩어지지도 않는 관계가 됩니다.

② 월간과 일간이 서로 생하고 합하면 나와 형제들 사이가 아주 좋습니다. 월간이 일간을 생하면 형이 나를 잘 보살펴줍니다. 일간이 월간을 생하고 합하면 내가 형을 아버지 같이 존경합니다.

월간과 일간이 서로 극하면 형제들과의 사이가 좋지 않고 월간이 일간을 극하면 형으로 인해 고통을 받습니다. 일간이 월간을 극하면 내가 형을 전혀 존경하지 않습니다. 월간과 일간이 서로 비겁이면 유산을 받을 때 대부분 형이 다 가져가고 나는 손에 넣는 것이 없는 상황이 됩니다.

③ 월지와 일지가 서로 생하고 합하면 여자 형제와 내 아내의 사이가 친밀하고 좋습니다. 월지가 일지를 생하고 합하면 여자 형제와 내 아내가 친구처럼 지냅니다. 일지가 월지를 생하면 아내와 내 여자형제가 자매처럼 잘 지냅니다.

월지와 일지가 서로 극하거나 충하게 되면 내 아내와 여자 형제가 서로 반목하는 사이가 됩니다. 월지가 일지를 충하거나 극하면 여자 형제가 내 아내를 괴롭히게 되고, 일지가 월지를 충하거나 극하면 내 아내가 시어머니나 시누이와 반목하게 됩니다. 월지와 일지가 서로 비겁인 경우 내 아내와 시어머니 또는 시누이 관계에 사소한 마찰 정도만 있게 됩니다.

일주를 기준으로 한 해석

① 일주의 간지가 서로 생하고 합하면 부부가 서로 존경하고 사랑합니다. 일간이 일지를 생하고 합하면 모범적인 남편으로 남편 노릇을 잘하게 됩니다. 일지가 일간을 생하면 현모양처가 따로

없는 모양새입니다.

일주의 간지가 서로 극해서 좋아지는 경우라면 서로 이익과 아름다움이 있고, 서로 돕는 관계가 됩니다. 그러나 극으로 인해 좋지 않게 되는 경우에는 서로 반목하고 원수 같은 사이가 됩니다.

일간이 일지를 극할 때 이를 기뻐하는 경우 경우는 아내로 인해 재물을 얻고, 여자 입장에서는 재물로 인해 남편을 돕게 됩니다. 그러나 이를 꺼리는 경우에는 남자는 처로 인해 재앙에 이르게 되고, 여자는 남자로 인해 어려움에 처하게 됩니다. 일지가 일간을 극할 때 기뻐하면 배우자의 도움이 이익이 있지만, 꺼리는 경우에는 어려움에 처하게 됩니다.

② 일간과 시간이 서로 생하고 합하면 부자간에 사이가 좋고 아름답게 됩니다. 일간이 시간을 생하면 자식을 사랑하는 마음이 큽니다. 시간이 일간을 생하면 자식이 나를 존경하고 잘 따릅니다. 일간과 시간이 서로 극하고 충하면 부자 사이가 좋지 못합니다. 일간이 시간을 극하면 나는 부모의 뒤를 잇지 못하고, 시간이 일간을 극하면 어린 아들이 아버지를 속이는 일을 합니다. 일간과 시간이 비겁이면 부자간에 관계는 보통이지만 마찰을 피하기는 어렵습니다.

③ 일지와 시지가 서로 생하고 합하면 내 아내는 자식에게 의지하고 자식은 어머니를 믿고 따릅니다. 일지가 시지를 생하고 합하면 자식이 어머니만을 따르고 좋아하게 됩니다. 시지가 일지를 생하고 합하면 자녀가 모두 효도하고 순종하게 됩니다.

일지와 시지가 서로 충하고 극하게 되면 아내와 자식 간에 갈등이 있게 됩니다. 일지가 시지를 극하면 내 아내가 남편이 죽으면 자식을 등지고 다시 시집을 갑니다. 시지가 일지를 충하거나 극하면 내 아내가 자식에게 의지하지 못하게 됩니다. 일지와 시지가 같으면 자식과 부모 간에 어긋나 서로 의지하지 못하게 됩니다.

시주를 기준으로 한 해석

① 시주의 간지가 서로 생하는 구조에 있으면 자녀가 크게 되어도 분가를 하지 않고, 시간이 시지를 생하면 어린 아들이 여자 형제들과 화합하면서 살게 됩니다.

② 시지가 시간을 생하면 내 자녀들이 형제들 간에 서로 사랑하고, 시간과 시지가 서로 극하면 자녀들 사이가 그다지 좋지 못합니다. 천간이 지지를 극하면 아들이 딸이 잘 지내지 못하게 되고,

지지가 천간을 극하면 아우들이 형들과 서로 반목하게 됩니다.

이상이 이후계 선생이 말한 사주팔자 간의 서로 생하고 극하는 관계를 가지고 사주를 해석하는 방법입니다. 초보적인 단계에서는 일단 이렇게 시작해보는 것이 좋습니다.

2

가족관계와 나이로 보는 사주 해석

궁위는 내 조상과 부모, 형제, 본인, 자녀와 관계된 자리로 볼 수도 있지만, 일생에서 초년, 중년, 장년, 노년기로 나눠서 볼 수도 있습니다. 사주 해석을 할 때 다양한 시도를 해보는 것은 해석의 폭과 깊이를 확장해나가는 길입니다.

이때 오행 간의 상생과 상극 그리고 합과 충의 관계를 대입해서 보면 나와 가족 구성원 간에 무슨 일이 생길지, 아니면 일생 중 어느 때에 어떤 일이 생길지에 대해 구체적인 예측이 가능하게 됩니다.

궁위와 가족관계

연주, 월주, 일주, 시주가 각각 어떤 가족과 관계가 있는지는 앞서 궁위도를 통해서 살펴봤습니다. 다시 한 번 정리하면 다음과 같습니다.

① 연주 : 조부모의 세대

② 월주 : 부모의 세대

③ 일주 : 자신의 세대 (본인, 배우자, 동기간)

④ 시주 : 자녀의 세대

예를 들어 연주와 월주에 충이나 극이 있게 되면 조부모와 부모 세대 간에 문제가 있을 수 있다고 해석할 수 있고, 월주와 일주 간에 충이나 극이 있으면 부모와 나 사이에 문제가 있을 수 있다고 판단할 수 있으며, 일주와 시주 사이에 충이나 극이 있으면 나와 내 자식 사이에 문제가 있을 수 있다고 봅니다.

궁위와 운한

운한運限이란 일생을 통해 특정 시기의 운과 명을 예측해보는 겁니다. 보통 초년, 중년, 장년, 노년의 시기로 나누어 보는데 몇 살까지를 하나의 운한으로 정할지에 대해서는 의견이 분분한 것이 사실입니다. 어떤 사람은 연주, 월주, 일주, 시주를 각각 15년씩으로 봐야 한다고 주장하는 반면, 다른 사람은 16년, 또 어떤 이는 18년 등으로 나눠서 봅니다. 모두가 자신의 경험으로부터 주장을 내세우는 겁니다.

예를 들어 과거 사람의 수명이 60세 정도였던 시기는 15년씩으로 보면 60세가 됩니다. 그리고 수명이 조금씩 늘어가면서 16년, 18년 등으로 운한을 늘려왔던 것도 사실입니다.

그렇다면 지금은 100세 시대라고 부르지만 평균 수명을 80세 정도로 본다면 운한을 20년씩 끊어서 봐도 무방할 겁니다. 따라서 다음과 같이 정의해보겠습니다.

① 연주 : 출생에서 20세까지

② 월주 : 21세에서 40세까지

③ 일주 : 41세에서 60세까지

④ 시주 : 60세 이후 사망 시까지

이렇게 보면 각각의 기둥들 간에 합이나 충극이 있게 되면 그때의 운한을 이용해서 언제 어떤 시기에 무슨 일이 생기게 될 것인지를 가늠해볼 수 있습니다. 운한을 이용한 구체적인 사주 해석은 실전 연구를 통해서 알아보기로 하겠습니다.

실전연구

궁위와 운한으로 사주 해석을 해보자

궁위도와 운한을 이용한 사주 해석의 사례는 애플의 창업자이자 아이폰으로 세상을 바꾼 스티브 잡스의 사주를 통해서 간략히 살펴보도록 하겠습니다. 먼저 일간을 중심으로 간략히 살펴보겠습니다.

겁재	일원	식신	정인
丁	丙	戊	乙
酉	辰	寅	未
정재	식신	편인	상관

木(2)	火(2)	土(3)	金(1)	水(0)

庚 辛	乙癸戊	戊丙甲	丁乙己

87	77	67	57	47	37	27	17	6.6
己	庚	辛	壬	癸	甲	乙	丙	丁
巳	午	未	申	酉	戌	亥	子	丑

① 먼저 부모와의 관계입니다. 연간의 을목이 나 자신인 병화를 목생화木生火로 생해주니 아버지의 사랑을 많이 받은 사람입니다.

② 월지의 인목이 병화를 목생화木生火로 생해주니 모친이나 여자

형제들도 본인을 많이 사랑해주었습니다.

③ 부인과의 관계는 일간인 병화가 일지의 진토를 화생토火生土로 생해주니 잡스는 부인을 아주 많이 사랑한 사람입니다.

④ 다만, 월지가 일지를 목극토木剋土로 극하는 관계이니 어머니와 아내의 사이는 그다지 좋지 않은 상태였을 겁니다.

⑤ 자녀와의 관계를 보면 아들은 자신과 같은 오행이므로 갈등은 있지만 보통인 사이로 볼 수 있고, 딸과의 관계를 보면 화극금火剋金으로 자신이 딸을 극하는 관계로 사이가 좋지 않았고 그 원인은 본인에게 있었다는 것을 알 수 있습니다.

이렇게 보는 것은 매우 간략히 그 관계를 따진 겁니다. 실제로 스티브 잡스는 어렸을 때 입양되어 양부모의 사랑을 받으면서 자라났고 결혼을 하지 않고 낳은 딸을 인정하지 않았습니다. 훗날 친자검사를 통해 뒤늦게 딸을 인정했지만, 그 관계는 그다지 좋지 않았다고 합니다. 물론 큰딸 말고도 정식 결혼 이후 얻은 아들 하나와 딸 둘이 더 있어 모두 네 아이를 키웠습니다.

여러분들도 궁위도를 통해 사주 해석을 시도해보시면 나름 재미있는 결론을 얻을 수 있을 겁니다.

3부

내 사주에 맞는 재테크는 무엇일까?

10장

재테크의 기본원칙은 무엇인가?

1
재테크는 왜 실패하는가?

재테크란 무엇인가?

언제부터인가 우리나라에서 재테크는 투자 또는 투기와 같은 의미로 쓰이고 있습니다. 즉, 재테크는 월급 이외의 돈벌이와 같은 의미로 쓰인다는 말입니다. 재테크를 영어로 표현해보면 Financial Technology 인데, 말 그대로 재무를 다루는 기술입니다.

재무를 다루는 기술에는 여러 가지 의미가 담겨 있습니다. 아주 간단하게는 들어오고 나가는 돈을 관리하는 것에서부터 시작해서,

돈이 필요한 날짜에 필요한 만큼을 조달하는 일까지를 말합니다. 결국 내가 가진 돈을 현금화하기 쉬운 곳에 넣어둘지, 여유가 있다면 좀 더 수익성이 있는 곳에 장기로 투자를 할지, 아예 여윳돈이라면 더 큰 수익성이 엿보이는 투자처에 돈을 넣을 것인지를 결정하는 모든 과정이 바로 재테크입니다. 단순히 부동산을 산다든지 아니면 주식을 산다든지 해서 돈을 불리는 것만이 재테크가 아니란 겁니다.

옛말에 '지피지기知彼知己, 백전불태百戰不殆'란 말이 있습니다. 이 말의 뜻은 '적을 알고 나를 알면 백 번 싸워도 위험에 처하지 않는다'란 말입니다. 싸움에 나서면 이기는 것보다 더 중요한 것이 내가 위험에 빠지지 않는 겁니다. 설사 싸움에서 이긴다고 해도 피해를 많이 입는다면, 결국 얻는 것도 없이 오히려 자신의 목숨조차 담보할 수 없게 되기 때문입니다.

그래서 재테크의 기본은 내가 위험에 빠지지 않는 투자방법을 고르는 겁니다. 흔히 재테크 고수들이 말하는 투자의 첫 번째 원칙이 '절대 원금을 손해 보지 않는 것'인 이유는 다른 것이 아닙니다.

이런 재테크의 기본개념도 모르면서 무조건 주식투자나 부동산 투자에 달려들면 처음에는 돈을 버는 듯해도 결국은 손을 털고 나오는 경우가 많습니다.

사람은 누구나 돈 버는 것을 좋아합니다. 100억 원을 가진 사람이라도 100만 원을 더 준다고 하면 마다하지 않을 겁니다. 그만큼 돈에 대한 사람들의 사랑은 각별합니다. 그러나 모두가 사랑하는 그 돈을 누구나 손에 넣을 수는 없는 일입니다. 특히 주식이나 부동산과 같이 위험이 높은 투자처에서 돈을 벌기란 무척 힘든 일입니다.

재테크를 통해서 돈을 벌지 못했다면 자신을 돌아봐야 합니다. 과연 나는 돈을 벌기 위해서 상대에 대해 얼마나 알고 있나, 특히 자신의 현재 상태가 어떤 상황인지에 대해서도 성찰해봐야 합니다. 돈을 벌겠다고 생각한다고 돈이 벌리는 것이 절대로 아니기 때문입니다.

재테크에 실패하는 이유

재테크에 실패하는 이유 중 첫 번째는 자신의 투자목적을 잘 이해하지 못하는 데 있습니다. 재테크는 경제 이해력의 싸움이 아닙니다. 경제는 조금만 책을 봐도 이해할 수 있습니다. 더 큰 문제는 모두가 똑같은 경제 관련 정보를 얻는 것이 아니라는 데 있습니다.

정보는 그만큼 비대칭구조를 가지고 있습니다. 여기서 말하는 비대칭구조란 정보를 많이 가진 일부 소수의 사람들과 거짓정보를 가진 다수의 사람들이 싸우는 것을 말하고 바로 그곳이 재테크시장입니다. 그러니 돈을 버는 사람은 극히 일부이고, 대다수는 장기적으로 손을 털고 재테크시장을 떠나는 구조입니다. 정보가 없는 사람들 중 아주 일부는 곁다리로 붙어서 돈을 벌기도 합니다. 하지만 이것은 요행일 뿐입니다.

학문적으로 바라보면 재테크시장에서 모든 가격은 그 자산의 본질가치에 장기적으로 수렴한다고 합니다. 여기서 우리가 알아야 하는 것은 '장기적'이란 말입니다. 도대체 장기란 어느 정도의 기간을 말하는 걸까요?

투자자들에게 물어보면 장기란 6개월 정도의 시간으로 생각하는 사람들이 대부분이고, 흔치 않게 1년 이상을 말하는 사람들도 있습니다. 즉, 장기로 투자를 한다는 사람들의 대부분은 주식의 경우 한 종목을 매수해서 6개월을 버티지 못하고 팔고 있습니다. 그러면서도 장기투자를 했다고 한다는 것이죠.

재테크의 성패는 멘탈mental 즉, 정신력에 달려 있다고 합니다. 여기서 말하는 정신력이란 웬만한 유혹에는 흔들리지 않는 정신 상태를 말합니다. 누가 정신적으로 더 강건한지가 재테크의 성패를 결정한다고 봐도 무방하다는 겁니다.

예를 들어 주식투자를 한다면 연간 몇 퍼센트의 수익이 나면 만족할까요? 물론 많으면 많을수록 좋겠지만, 대체로 연간 20% 정도의 수익을 꾸준히 얻어가면 만족한다는 대답이 많습니다. 그런데 매년 20%씩 수익을 얻어가는 것은 사실 불가능합니다. 예를 들어 3년에 100% 또는 5년에 100%의 수익을 얻을 수는 있을 듯합니다. 종목이 3년에 두 배로 오른다든지, 아니면 좀 더 길게 봐서 5년에 두 배로 오른다면 단순평균을 계산해봐도 각각 연간 33% 또는 20%의 수익이 달성됩니다.

이런 시간을 버텨낼 수 있는지에 따라 재테크의 성패가 결정됩니다. 즉, 대부분의 사람들이 재테크에 실패하는 이유는 마음이 너무 자주 오락가락하기 때문입니다.

장기투자를 하더라도 종목을 잘 골라야 합니다. 종목을 잘못 고르면 3년 또는 5년을 기다리는 동안 부도가 난다든지 하는 일이 생길 수있습니다. 꼭 부실한 기업을 매수해서 그런 것도 아니고, 세계 경제의 흐름이 급변할 때 내가 투자한 회사가 아무리 큰 회사라도 해도 급류에 휩쓸려 나가듯 사라지는 경우도 종종 있습니다.

이런 경우는 자신의 재테크 운을 살펴봐야 합니다. 재테크에 실패하는 다른 이유 중 하나가 바로 자신에게 돈이 들어오는 운이 없는 경우이기 때문입니다.

다시 한 번 정리해보면 재테크에 실패하는 이유는 다음과 같습니다.

① 터무니없이 부실한 정보를 가지고 덤벼들고 있다.
② 재테크의 목표기간이 너무 짧고 오락가락하는 투자를 하고 있다.
③ 재테크를 하는 돈의 크기가 자신이 처한 상황에 비추어 너무 크게 되면 정신적으로 압박을 받게 된다. 그래서 멘탈이 흔들린다.
④ 나에게 재물운이 없다.

2

누구나 할 수 있는 복리투자전략

재테크의 기본은 적금이나 예금과 같이 원금이 보장되고 이자가 주기적으로 지급되는 투자안을 먼저 생각하는 겁니다.

이자가 워낙 낮다 보니 금리상품에 대해서 냉담한 것이 사실입니다. 그러나 여기서 주목해야 하는 것은 몇 퍼센트의 이자를 주느냐가 아니라, 바로 원금이 보장되느냐는 점입니다.

재테크를 할 때 원금에서 손해가 나기 시작하면 좀처럼 그 손실 만회가 쉽지 않습니다. 가령 1억 원을 투자해서 10%, 즉 천만 원을 손해 봤다면 다시 원금을 회복하기 위해서는 11%의 수익이 나야 합니다. 만약 20%의 손실을 봤다면 원금을 회복하기 위해서는 25%의 수익이 나야 겨우 원금이 회복됩니다.

각각의 원금손실률 대비 원금회복률을 계산해보겠습니다.

원금손실률 대비 원금회복률									
원금손실률	10%	20%	30%	40%	50%	60%	70%	80%	90%
원금회복률	11.1%	25%	42.9%	66.7%	100%	150%	233%	400%	900%

일단 원금손실률이 50%만 되도 다시 원금으로 회복되는 것은 불가능하다고 봐야 합니다. 결국 손절을 하지 못하면 빈손으로 재테크시장을 떠나야 한다는 것을 의미합니다. 원금보장이 얼마나 중요한지를 깨달아야 합니다.

두 번째는 워런 버핏의 투자 철학처럼 모든 것을 복리투자의 관점에서 바라봐야 합니다. 복리투자란 이자에 이자가 붙어나가는 현상을 말합니다. 간단한 설명을 통해 복리투자의 매력을 느껴보시기 바랍니다.

복리를 이해하기 위해서는 72의 법칙을 이해하는 것도 중요합니다. 72의 법칙이란 투자 원금이 두 배로 되는데 걸리는 시간을 계산하는 데 사용되는 법칙입니다. 72를 복리이자율로 나누었을 때 지금 투자하는 원금이 두 배가 되는 시간을 알 수 있습니다.

예를 들어 이자율이 5%라면 72÷5=14.4로 14.4년 후에 원금이 두 배가 되고, 10%라면 7.2년 그리고 20%라면 3.6년 만에 원금이 두 배가 됩니다. 복리수익률은 투자기간이 길어질수록 수익의 폭이 점점 극대화 됩니다. 따라서 투자의 기본원칙은 복리수익률을 높이는 방향으로 잡아야 합니다.

잘 알려져 있는 이야기가 하나 있습니다. 1626년에 인디언들은 뉴욕시의 맨해튼을 24달러 상당의 장신구와 맞바꾸었다고 합니다. 지금 생각해보면 인디언들이 몹시 어리석은 것처럼 생각할 수 있습니다. 하지만 그 24달러를 복리로 투자했다고 해봅시다. 만약 그들이 복리 8%로 투자했다면 약 390년이 지난 2016년에는 약 464조 달러 정도가 됩니다. 만약 그들이 6% 정도로 투자했더라도 2,473억 달러가 되었을 겁니다. 하지만 연리 4%로 투자되었다면 현재 가치는 1억 2,255만 달러에 불과할 겁니다. 처음에는 단 2%씩의 차이지만 그 차이가 누적될수록 훗날 받게 되는 금액은 엄청난 차이가 나는 결과로 나타납니다.

보다 명확한 예를 들어보겠습니다. 만약 지금 1억 원의 원금을 가진 사람이 연리 5%, 10%, 15%, 20%로 투자한다고 했을 때 10년 후, 20년 후, 30년 후의 원금은 얼마가 되어 있을까요? 이를 계산해 보면 다음과 같습니다.

	5%	10%	15%	20%
10년	162,889,463	259,374,246	404,555,774	619,173,642
20년	265,329,771	672,749,995	1,636,653,739	3,833,759,992
30년	432,194,238	1,744,940,227	6,621,177,196	23,737,631,380

계산에서 보는 바와 같이 1억 원을 5%의 이자율로 10년을 투자하면 1억 6,288만 9,463원이 되지만 이를 30년 동안 투자하면 4억 3,219만 4,238원이 됩니다. 또 같은 1억 원을 20%로 10년을 투자하면 6억 1,917만 3,642원이 되지만 이를 30년 동안 투자하면 237억 3,763만 1,380원이 되는 것을 알 수 있습니다.

재테크의 기본을 복리투자라고 한다면, 우리가 얻을 수 있는 가장 높은 수익률로 가능한 한 꾸준히 투자를 하면 그 효과는 매우 커지게 됩니다. 따라서 모든 재테크의 기본 아이디어는 복리투자를 염두에 둬야 합니다.

3

주식투자만이 전부는 아니다

사람들은 누구나 자신이 아는 정도에서만 생각합니다. 자신이 모르는 부분에 대해서는 감히 생각조차 못 하는 것이 일반적입니다. 소위 전문가라는 사람들도 마찬가지입니다.

만약 자신의 활동영역이 주식투자라면 어떤 경우에도 주식을 중심으로 투자를 생각합니다. 주식시장이 좋을 때는 큰 문제가 없겠지만, 주식시장이 좋지 않을 때는 주식투자에서 잠시 손을 떼야 합니다. 하지만 이때도 주식시장이 내려갈 때 손실을 피할 수 있는 주식을 찾게 됩니다. 반면 은행예금에 특화된 사람들은 주식이나 부동산 시장이 좋을 때 자금을 이동시키지 못하고 은행에서 취급하는 상품 가운데 하나를 찾게 됩니다. 이렇듯 사람들이 생각하는 방식은 자기가 알고 있는 지식수준을 넘어서지 못합니다.

흔히 재테크라고 하면 떠올리는 것이 주식투자나 부동산투자입니다. 그러나 제대로 된 투자를 하지 않는다면 투기가 되어버리고, 주식과 부동산에 투기적인 생각을 가지고 덤벼들게 되면 자신의 사주에 들어 있는 명命이나 운運에서 받쳐주지 않는 이상 재물을 제대로 유지하는 것이 어려워지게 됩니다.

우리가 사주를 이해하고 이를 바탕으로 재테크를 하려는 이유는 첫째, 자신의 사주에 재물이 있고 또 그 재물을 견뎌낼 수 있는 운이라면 조금은 적극적으로 투자를 할 수 있다는 겁니다.

둘째, 자신의 사주에 재물이 있다고 치더라도 그 재물을 견딜 수 있는 힘이 없는 경우에는 사주에 힘이 생길 때까지 기다려야 한다는 겁니다.

셋째, 사주에 재물이 없는 경우 대운 등에서 재물이 올 때에 한해서 적극적으로 투자를 할 수 있다는 겁니다.

이렇게 본다면 내가 재물을 취할 수 없는 때는 적극적으로 투자에 나서서는 안 된다는 결과가 나옵니다. 이럴 때 자칫 잘못하면 내가 가진 원금조차 잃을 가능성이 있다는 것을 깨달아야 합니다. 투자의 기본은 돈을 벌수도 있지만, 돈을 잃을 가능성도 그만큼 크다는 겁니다.

그래서 주식투자 또는 부동산투자 같은 공격적인 투자만이 재테크의 모든 것이 아니라는 점을 반드시 기억해야 합니다. 자신이 가지고 있는 재산의 많은 부분은 은행예금이나 원금이 보장되면서 이자가 정기적으로 발생하는 금융상품에 안전하게 자금을 보관하고 있다가 기회가 왔을 때 수익을 챙기는 전략을 구사해야 합니다.

1년 365일을 주식과 부동산만을 생각해서는 제대로 된 재테크가 될 수 없습니다. 사주명리를 공부하고 이해하려는 목적은 "길함을 추구하고, 흉한 것을 피하며, 내 상황에 만족한 삶을 살기 위함"이라는 것을 다시금 명심하기 바랍니다.

11장

재물운이 있는 사주는 따로 있다

1

관운이 활성화된 사주

명예를 뜻하는 관운과 부를 뜻하는 재물운 그리고 사주팔자와 대운의 합과 충에 따른 운의 변동 등을 간략히 살펴보도록 하겠습니다. 초보자들에게는 조금 어려울 수도 있습니다. 그러나 지금까지 학습한 내용을 종합적으로 적용해보는 연습이라 생각하고 읽어주시길 바랍니다.

특히 사주 해석을 할 때 초보자들도 이해하기 쉽도록 차근차근 설명하겠습니다. 너무 부담 갖지 마시고 읽어보시기 바랍니다. 처음에는 어려워도 자꾸 반복하다 보면 점점 내 것이 됩니다.

앞에서 사주를 해석함에 있어 몇 가지 원칙을 세웠었습니다. 다시 한 번 상기시켜보면 다음과 같습니다.

① 일간의 특성(일간의 오행이 무엇인지)을 살핀다.

② 지지에 일간을 도와주는 글자(정인, 편인, 비견, 겁재 등)가 있는지 본다.

③ 사주에 재성(정재, 편재), 관성(정관, 편관) 등의 글자가 있는지 본다.

④ 대운의 흐름을 통해 사주에 없는 글자가 들어오는지를 확인한다.

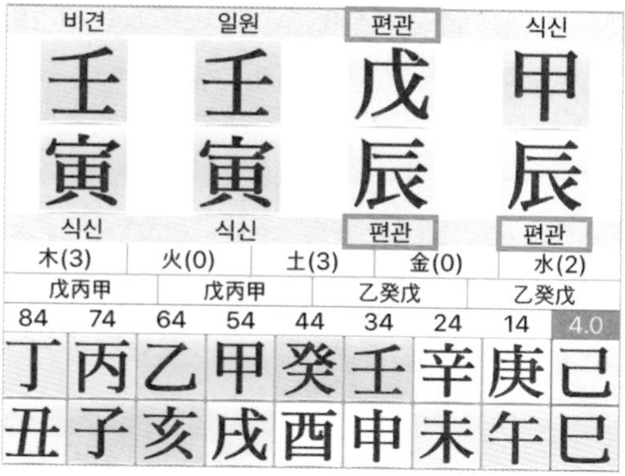

지금 보시는 사주의 특징은 임수 일간으로 시주에 비견이 있습니다. 비견이라는 것은 나와 어깨를 나란히 하는 사람을 말하므로 경쟁자를 의미합니다. 이렇게 경쟁자가 나와 같은 힘으로 있을 때는 관성이 통제해주어야 합니다. 연주와 일주를 보면 지금 편관이 있어 경쟁자를 제어해주고 있습니다. 그렇다면 실제로 어떤 식으로 든 조직생활을 하면서 살아가게 됩니다.

그리고 일간의 뿌리가 될 수 있는 금기운과 수기운이 없는 신약한 사주입니다. 또한 재물과 관련된 재성이 없고, 관성만 뚜렷한 사주구조를 가지고 있습니다.

이렇게 기본구조를 살펴본 다음 사주 해석의 스토리를 통해서 풀어보겠습니다.

우선 일간을 봤을 때 큰 호수, 큰 강물과 같은 사람입니다. 호수나 강물은 제방이 튼튼해야 통제를 잘 할 수 있습니다. 그리고 수원지가 있어야 강물이 마르지 않고 오랫동안 흘러갈 수 있습니다. 강가 또는 호수가에는 나무가 심어져 있어야 수위조절이 가능하고 또 경치가 좋아집니다. 마지막으로 그 나무들이 결실을 맺기 위해서는 햇빛이 필요합니다.

그런데 이 사주는 제방과 나무는 있는데 수원지와 햇빛이 없는 사주입니다. 일단 사람들은 자신에게 없는 것을 추구하게 됩니다. 따라서 이 사람은 금기운이 필요한 사람인데 문과를 전공했으면 법, 금융, 경제를, 이과를 전공했으면 의학 등 생명과 관련된 일을 했을 겁니다. 그리고 햇빛을 의미하는 화기운은 학문, 방송, 예술 등을 의미합니다. 그래서 그런 것을 찾게 됩니다.

이 사람은 경영학을 전공해서 박사학위를 받았고, 방송에 20년 가까이 출연하고 있습니다. 그러나 결실을 의미하는 화기운은 74세가 되어야 대운에서 들어오게 됩니다. 그래서 공부를 해도 아주 긴 시간을 하게 됩니다. 대운에서는 14세부터 53세까지 금기운으로 흘러 무난한 삶을 살았고, 54세에서 63세까지는 수원지가 사라져 삶의 기복이 있을 수 있습니다.

이럴 때는 공부를 하면서 잘 보내야 하는데 세운을 보면 그리 나쁜 것은 아닙니다. 이후에는 수기운과 화기운으로 흘러 늦게나마 결실을 맺을 가능성이 있는 사주입니다.

2

재물운이 활성화된 사주

다음에 보실 사주의 특징은 일간이 큰 호수를 뜻하는 임수이고 지지에 수원지 역할을 하는 금과 뿌리 역할을 하는 수기운이 없어 신약한 사주입니다. 특히 사주에 다른 오행은 다 있지만 목기운이 없어 수위 조절이 어려운 사주입니다. 그래서 자신에게 없는 목기운을 추구하게 됩니다. 목기운은 학문이나 사람을 만나고 사람을 기르고 가르치는 일을 하는 것을 말합니다.

그리고 재물과 관련된 재성은 연지에 사화巳火가 있습니다. 그러나 여기서 한발 더 나가보면 연간과 월간에 있는 신辛이라는 글자는 병신합丙辛合을 이루므로 병화丙火를 잘 끌고 오는 역할을 합니다. 특히 지지에 사화巳火가 있어 병화를 더욱 잘 끌어당길 수 있습니다.

이 사람의 사주에서 병화는 재물을 말합니다. 천간에 재물이 없는 것처럼 보이지만 보이지 않는 재물이 세 개의 신금辛金으로부터 생겨나니 이 사람은 선대에서부터 재물이 많아서 그 재물을 넘겨받은 사람입니다. 그리고 그 재물이 아들대까지 이어지는 것을 볼 수 있습니다.

정인	일원	정인	정인	
辛	壬	辛	辛	
亥	戌	丑	巳	
비견	편관	정관	편재	
木(0)	火(1)	土(2)	金(3)	水(2)
戊甲壬	辛丁戊	癸辛己	戊庚丙	

81	71	61	51	41	31	21	11	1.0
壬	癸	甲	乙	丙	丁	戊	己	庚
辰	巳	午	未	申	酉	戌	亥	子

이 사주의 문제는 임수는 큰 물인데 큰 물은 제방이 튼튼해야 쓰임새가 있습니다. 이런 점을 종합해보면 자신의 제방이 생기는 21세 무술戊戌이 좋습니다. 그러나 일간의 합으로 묶이는 31세 정유丁酉

대운에는 하고자 하는 일이 제대로 진행되지 못하는 어려움을 겪을 수 있습니다.

대운의 전체적인 흐름을 보면 어린 시절부터 50세가 될 때까지 자신의 뿌리가 될 수 있는 수기운과 금기운으로 흐르고 있습니다. 또 51세부터 70세까지는 자신에게 없는 목기운으로 흘러가고 있습니다. 대운의 흐름이 좋습니다.

이 사주는 삼성 이건희 회장의 사주입니다. 아버지 이병철 회장으로부터 그룹을 물려받았고, 관성 대운인 무술戊戌 대운부터 직장생활을 시작해서 자신의 사주가 가장 밝은 41세 병신丙申 대운에 삼성그룹 회장에 올라 삼성그룹을 이끌면서 많은 사람을 먹여 살렸고 또한 그 재산을 아들 이재용 부회장에게 물려주었습니다.

이건희 회장 사주의 특징은 재물을 끌어당기는 힘이 강하고 천간합의 결과로 재물이 생기니 남들에게 뺏기지 않고 본인이 모두 성취할 수 있는 사주라는 겁니다.

3

합과 충에 따른 재물운의 변동

다음 사주는 계수 일원입니다. 오행이 잘 갖춰져 있고 특히 화기운이 다른 기운보다는 활성화된 사주입니다. 월지에 자신의 뿌리가 될 수 있는 신금申金을 깔고 있어 사주의 힘이 부족하지 않습니다. 재물운인 정재 병화丙火가 연간과 월간에 자리를 잡고 있고, 그 뿌리도 연지에 편재 오화午火가 자리를 잡고 있습니다. 재물운도 나쁘지 않습니다.

그러나 여기서 염두에 두어야 하는 것은 병화입니다. 병화는 태양을 말합니다. 태양은 하나일 때 빛을 발하는데 태양이 두 개가 되면 더욱 밝아지는 것이 아니라 오히려 어두워지게 됩니다. 그렇다면 재물이 제대로 모이기 위해서는 뿌리에 흔들림이 없고 두 개의 태양이 하나로 되거나 아니면 두 태양이 뜰 곳을 서로서로 갖게 될 때 재물이 들어올 수 있습니다.

겁재	일원	정재	정재
壬	癸	丙	丙
戌	卯	申	午
정관	식신	정인	편재

木(1)	火(3)	土(1)	金(1)	水(2)

辛丁戊	甲 乙	戊壬庚	丙己丁

89	79	69	59	49	39	29	19	9.0
乙	甲	癸	壬	辛	庚	己	戊	丁
巳	辰	卯	寅	丑	子	亥	戌	酉

이 사주의 대운을 보면 39세 경자庚子 대운에는 천간으로는 물을 좋아하는 금기운이 들어오지만, 지지로 자수子水가 있어 재물의 뿌리인 오화午火와 자오충子午沖을 하고 있습니다. 재물의 뿌리가 흔들리는 꼴이 됩니다.

그러나 49대운부터는 신금辛金이 와서 병신합丙辛合을 통해 하나의 태양을 묶어둡니다. 재물이 밝아지게 된 것입니다. 59대운에는 임수壬水가 하나 더 와서 병화, 즉 태양이 두 개의 호수에 각각 뜰 수 있게 되어 나쁘지 않은 대운으로 흘러갑니다. 69대운에는 계수癸水가 와서 또 하나의 태양을 안개로 가려주게 됩니다.

대운의 흐름으로 보면 78세까지는 재물의 흐름이 나쁘지 않습니다. 그러나 계수 옆에 있는 임수라는 겁재가 있으니 동업을 하지 않아야 한다는 점을 잊어서는 안 됩니다. 만약 동업을 하게 되면 자신에게 올 재물운이 내 동업자에게로 흘러갈 가능성이 크기 때문입니다.

이 사주는 편의점을 10개 이상 운영하면서 안정적인 사업을 꾸려가고 있는 편의점 사장의 사주입니다.

간단한 사주 해석은 몇 가지 용어로 가능합니다. 그러나 사주 해석은 대운과 세운에서 오는 운들과 사주원국의 글자들이 서로 합하고 충하는 작용을 하면서 해석이 어려워집니다. 그러나 기본원칙만 잘 지켜나간다면 크게 낭패를 보는 일은 없을 겁니다.

12장

내 재물운에 따른 재테크 전략

1

사주원국에 재성이 있는 경우

지금까지 학습한 내용을 바탕으로 내 사주팔자에 따른 재테크 전략을 구성해보도록 하겠습니다. 재테크의 궁극적인 목적은 내 재물을 잘 지키면서 기회가 왔을 때 재물을 늘려나가는 겁니다. 아무 때나 돈을 투자해서 잘되면 좋고, 잘못되면 재물을 날리는 그런 재테크는 이제 더 이상 해서는 안 됩니다.

사주원국에 재성이 있는 경우는 기본적으로 재물을 취할 가능성이 크다고 봐야 합니다. 그러나 자신의 사주가 신강사주냐 아니면 신약사주냐에 따라 대운의 흐름을 이용해서 투자의 시기와 강약을 조절해야 합니다.

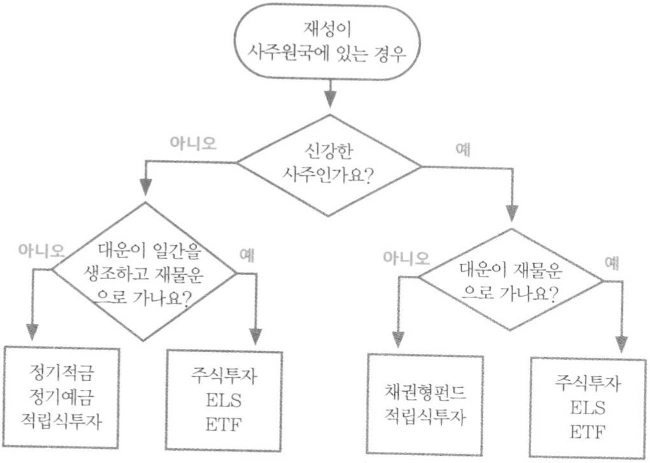

신강사주인 경우

신강사주인 경우는 대운의 흐름을 잘 살펴야 합니다. 대운의 흐름을 읽는 방법을 차용해서 세운을 보고 투자를 판단합니다.

① 대운의 흐름이 재물운으로 향하는 경우는 보다 적극적인 투자를 해도 무방합니다.

이럴 때는 주식투자, ELS투자, ETF투자 등 공격적인 투자를 통해서 재물을 늘리는 것이 필요합니다. 그러나 재물운이 지나가면 보수적인 투자로 전략을 바꿔야 합니다.

② 신강한 사주임에도 불구하고 대운의 흐름이 재물운으로 흐르지 않는 경우에는 조금은 보수적인 투자를 통해서 기회를 엿보고 있어야 합니다.

이때는 채권형펀드 또는 적립식투자를 통해 내 자산을 지키면서 안정적인 수익을 노려야 합니다. 그러나 이후 대운이 재물운으로 흘러가면 기회를 잡아서 적극적인 투자로 전략을 바꿔야 합니다.

신약사주인 경우

신약사주인 경우에는 대운이 일간을 생조하고 또 재물운으로 흐르는지를 살펴서 투자에 임해야 합니다.

① 신약사주에 대운이 일간을 생조하고 재물운으로 가는 경우는 적극적으로 재테크에 임해도 될 때입니다.

이때는 주식투자, ELS투자, ETF투자를 통해 재물을 늘려나가는 전략이 필요합니다. 그러나 이러한 대운이 지나가면 다시 보수적인 투자자세로 바꿔야 한다는 것을 잊어서는 안 됩니다.

② 신약사주에 대운이 일간을 생조하지 못하고 재물운으로 가지 않는 경우는 때를 기다려야 합니다.

이때는 보다 보수적인 재테크를 해야 합니다. 정기적금, 정기예금, 적립식투자 등을 통해서 종잣돈을 모으고 또 그 돈을 잘 유지하고 있어야 합니다. 참고 기다리다 대운이 일간을 생조하고 재물운으로 흐를 때 전략을 바꿔나가면 됩니다.

2

사주원국에 재성이 없는 경우

사주원국에 재성이 없는 사람들은 실제로 재물을 모으지 못하더라도 재물에 대한 갈증이 심합니다. 그러다 보니 욕심만 앞서서 재테크를 망치는 경우가 많습니다. 사주원국에 재성이 없는 사람은 기회를 잘 잡으면 가늠할 수 없는 재물을 얻을 수 있지만, 그 가능성이 크지 않으니 앞뒤를 잘 살펴야 합니다.

특히 재성이 사주원국에 없는 사람은 대운과 세운의 흐름이 중요합니다. 면밀히 때를 살피는 지혜가 필요한 사람들입니다.

대운이 일간을 생조하는 경우

비록 사주원국에 재성이 없지만 대운이 일간을 생조하는 운으로 흐르는 경우는 재물운으로 흘러도 자신이 이를 감당할 수 있게 됩니다. 따라서 이때는 대운이 재물운으로 흐르는지 살피는 것이 중요합니다.

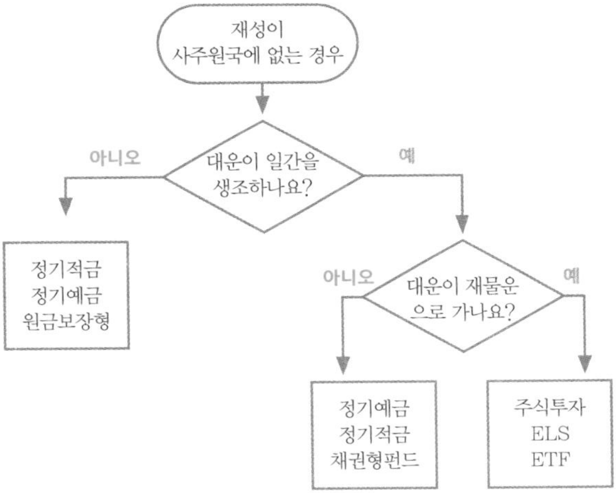

① 대운이 재물운으로 흐르는 경우는 일간도 튼튼하고 또 재물운도 내게로 향하는 시기이므로 이때는 적극적인 투자를 통해서 재물을 늘려나갈 수 있습니다. 주식투자, ELS, ETF에 투자해도 좋은 때입니다.

② 대운이 재물운으로 흐르지 않는 경우는 일간이 튼튼하더라도

보수적인 전략을 유지하면서 기회를 엿봐야 합니다.

이때는 정기예금, 정기적금, 채권형펀드 등에 투자하면서 종잣돈을 모으던지 그 돈을 잘 유지하고 있는 것이 좋습니다. 그러나 대운이 훗날 재물운으로 흐르게 되면 보수적인 전략에서 적극적인 전략으로 수정해야 합니다.

대운이 일간을 생조하지 못하는 경우

사주원국에 재성이 없고, 대운도 일간을 생조하지 못하는 경우에는 팔자에 적극적인 투자를 할 기회가 없다고 보는 것이 좋습니다. 재테크를 할 때 모든 사람이 반드시 적극적인 투자를 해야 할 필요는 없습니다.

이럴 때는 아끼고 또 저축하는 자세가 필요합니다. 정기예금, 정기적금, 원금보장형 상품들을 이용해서 미래에 쓰이게 될 자금을 착실히 모으면서 사는 것이 필요한 사람입니다.

이상의 내용으로 각자의 팔자에 따른 재테크 전략을 구성해봤습니다. 어떤 사람은 내가 주식투자를 해서는 안 되는 상황이 되었을 때 은근히 화가 나는 경우도 있을 겁니다. 그러나 잘 생각해보시기 바랍니다.

투자는 지금 위험을 부담하고 더 큰 수익을 얻기 위한 행위입니다. 그래서 더 위험한 투자를 할수록 수익은 더 커진다고 믿게 되는 겁니다. 여기서 간과하고 있는 것은 더 위험한 투자를 하게 되면 많은 경우 자신이 가지고 있던 원금마저 까먹을 수 있다는 점입니다.

중국 주나라 강태공은 자신을 알아봐 줄 군주를 기다리면서 한평생을 바늘 없는 낚싯대를 드리우며 시간을 보냈습니다. 그 기간 동안 강태공의 부인은 속이 썩을 대로 썩어 강태공을 버리고 집을 나가고 말았습니다. 훗날 강태공은 주나라 무왕을 도와 상나라를 무너뜨리고 지금의 산둥반도에 있던 제나라의 제후가 되었습니다. 강태공이 제나라 임금으로 가기 위해 길을 가고 있을 때 도망갔던 부인이 찾아와 다시 거두어줄 것을 간청했습니다. 그때 강태공은 대접에 물을 받아와 그것을 바닥에 부었습니다. 그리고 부인에게 이렇게 말했습니다. "저 물을 다시 대접에 담아보시오."

엎질러진 물은 다시 담을 수 없습니다. 물은 대접에 있을 때 내게 가치가 있게 됩니다. 공연히 되지도 않을 일에 돈을 투자해서 대접을 엎지 말고 지킬 수 있을 때 잘 지켜나가는 것이 좋습니다.

재물은 많을수록 좋다고 생각한다면 버는 것보다 지키는 것이 우선이라는 점을 잊어서는 안 됩니다.

13장

명리학으로 배우는 재테크의 원칙

1

재테크는 큰돈을 버는 것이 아니다

재테크의 성패를 반드시 큰돈을 버는 것으로 판단해서는 재테크의 한쪽 면만 보는 겁니다. 물론 큰돈을 벌어서 행복한 삶을 산다면 그보다 더 좋은 일은 없을 겁니다. 그러나 재물이라는 건 내가 감당할 능력이 있어야 하고 또 재물운이 좋을 때 내 삶에 도움이 되는 겁니다. 그렇지 않은 경우 재물은 오히려 내 삶을 망치는 결과를 가져오기도 합니다.

예를 들어 내가 큰돈을 벌었다고 해봅시다. 그러면 내 아내는 친정에도 큰 도움을 주기를 원할 겁니다. 만약 내가 아내의 말을 들어 주지 않는다면 아내와의 사이는 크게 멀어질 수 있습니다.

또 내가 큰돈을 지닌 사람인 경우 자녀들의 삶에도 많은 영향을 미칠 수 있습니다. 아빠가 큰 부자인데 내가 힘들여 노력할 필요가 없다고 생각해서 아이들의 삶이 피폐해질 가능성도 있습니다. 혹자들은 이런 말을 들으면 논리적으로 너무 비약하는 게 아니냐고 되묻곤 합니다. 그러나 실제로 그런 모습을 주위에서 많이 볼 수 있습니다. 로또에 당첨이 됐다든지 아니면 주식투자로 혹은 부동산투자로 큰돈을 번 사람들이 이혼을 하거나 아이들 문제로 고민하는 모습을 보면 돈이 반드시 좋은 것만은 아니란 생각을 하게 됩니다.

외환위기를 거치면서 재물에 대한 욕망을 부추기는 사회적 분위기가 만연해졌습니다. 행복의 척도가 아파트 평수와 자동차 종류 그리고 재산 규모로 결정됩니다. 어떤 아파트에서는 경차를 타고 다니면 아파트값이 떨어진다고 주민들이 외제차로 바꾸라는 말을 공공연히 한다고 합니다. 이런 모습을 진정한 부자의 모습이라고 할 수 있을까요?

이제 재테크의 목표도 다시 정립해야 합니다. 무조건 큰돈을 버는 것이 아니라, 삶의 질을 높이는 수단으로서의 재테크가 되어야 한다는 겁니다. 돈을 아끼고 모아서 여행을 간다든지, 미래에 돈 나갈 일에 대비해서 돈을 미리 준비한다든지 하는 것을 재테크의 목표로 삼아야 합니다. 사실 그전부터 삶의 질을 높이는 것이 재테크의 목표였습니다. 그러나 IMF 이후 20년 정도가 지나면서 우리 사회의 가치관이 바뀐 것이 문제가 된 겁니다.

다시 한 번 재테크의 정의를 살펴보면 재산을 관리하는 기술을 말합니다. 재산을 관리한다는 것은 돈을 불리는 것에만 목적이 있는 것은 아닙니다.

먼저 미래에 언제 어느 정도의 돈이 필요한지를 합리적으로 예측하고, 그 시기와 규모에 맞는 계획을 세워서 자금을 관리하는 것이 재테크의 진정한 의미입니다. 물론 그런 과정에서 뜻밖의 재물이 들어오는 경우도 있을 겁니다. 우리 삶을 우연한 운에 맡기는 것은 너무 위험합니다. 예측가능성을 높이고 그에 맞게 실현가능성이 높은 방안을 찾아서 자산을 관리하면 제대로 된 재테크가 가능할 겁니다.

그리고 여기에 사주명리를 대입해서 내게 운이 닿지 않을 때는 보수적인 방법으로 재산을 관리하고 재물을 모을 수 있는 운이 왔을 때는 보다 적극적인 수단을 이용해서 재물을 불리는 밀고 당기는 기술이 필요합니다.

사람들이 가난하다고 느끼는 것은 실제로 돈이 없어서 그런 경우도 있지만, 상대적인 비교에 의해서 가난을 느끼는 경우가 많습니다. 우리집은 30평대 아파트에 사는데 친구는 50평대 아파트에 살면 나는 가난하다는 생각이 듭니다. 우리집은 국산 중형차를 타고 다니는데 친구는 큰 외제차를 타고 다니면 나는 가난하다는 생각이 듭니다. 나는 동남아시아 여행을 다녀왔는데 친구는 유럽으로 장기 여행을 다녀오면 상대적으로 나는 가난하다는 생각이 듭니다. 사실은 내가 더 여유 있는 삶을 살고 있는지도 모르는데, 남들과의 비교를 통해서 나는 가난하다고 믿어버리는 삶이 우리를 슬프게 하는 겁니다.

돈에 대한 욕구가 강한 사람은 마음으로부터 가난하다는 생각을 할 가능성이 큽니다. 자신이 원하는 만큼의 재물을 가질 수 없기 때문입니다.

재테크는 욕심을 채우는 기술이 아닙니다. 재테크를 하는 목적은 예측가능한 미래를 대비하기 위해서 실행가능한 대안을 이용해서 계획한 일이 무사히 성사되도록 하는 겁니다. 다시 한 번 재테크의 진정한 목표에 대해 고민해보시기 바랍니다.

2

몸을 숙이고 기회를 기다려라

옛말에 "돈은 쫓아 다닌다고 내게 오는 것이 아니라, 돈이 내게 오게 만들어야 한다"는 말이 있습니다. 우리 주위를 보면 "돈, 돈, 돈…"하면서 돈에 안달 난 사람들이 있습니다. 당장 점심값도 없으면서 그 돈으로 로또를 산다든지, 아니면 스포츠토토를 산다든지 하는 사람이 있습니다. 그리고 자신의 능력 범위를 벗어나는 돈을 빌려서 주식투자에 나섰다가 쪽박을 찬 사람도 부지기수입니다.

갖고 싶다고 안달해서 돈이 생긴다면 돈이 없어서 고민하는 사람은 없을 것입니다. 돈이라는 것이 또 재물이라는 것이 내가 안달한다고 내 손에 쥐어지는 것은 아닙니다.

재물은 일생을 통해 내게 들어오는 때가 있다는 것을 알아야 합니다. 그리고 재물도 부침이 있다는 것을 반드시 알아야 합니다.

예전 직장 상사로 모시던 분이 있었습니다. 주식투자로 수십억 원의 재산을 불린 분이었습니다. 주식으로 돈을 벌어 부동산도 상당 규모 가지고 있었던 분입니다. 그러나 잠시 돈맛을 본 이후 계속 내리막길을 걸어서 주식도 쪽박이 되고, 가지고 있던 부동산도 모두 담보로 잡아 대출을 받았다가 차압을 당해 모두 날리고 나중에는 작은 아파트에 월세로 살아가는 모습을 본 적이 있습니다. 돈이 들어왔을 때 잘 관리하는 것이 필요함을 알려주는 사례입니다.

다른 사람은 같이 근무하던 친구인데 1990년대 중반에 한화증권에서 삼성증권으로 회사를 옮겼습니다. 당시는 삼성증권이라 해도 소형증권사에 불과해서 모두가 위로를 했던 기억이 있습니다. 그런데 외환위기가 지나면서 삼성증권이 대형증권사로 발돋움을 했습니다. 그 과정에서 많은 우리사주를 배정받았습니다. 당시는 액면가 5천 원짜리로 우리사주를 받았는데 IMF가 지나고 삼성증권의 주가가 급등하면서 8만 원까지 올라갔습니다. 이 친구는 이때 우리사주를 팔아서 부동산이 본격적으로 상승하기 전에 대치동에 있는 아파트를 샀습니다. 그리고는 삼성증권을 그만두고 하고 싶은 일을 하면서 편안한 삶을 살아가고 있습니다.

또 한 친구는 적립식펀드가 인기를 끌던 무렵 단 6개월 만에 파생상품투자를 통해서 10억 원이 넘는 돈을 벌었는데 그 돈을 제대로 만져보지도 못하고 이후 단 2달 만에 그 돈을 모두 날렸습니다. 단순히 벌었던 돈만 날린 것이 아니라 다시 10억 원 정도의 빚을 지고 손을 턴 사례도 있습니다. 이런 이야기는 너무도 많아서 일일이 다루기도 힘듭니다.

고스톱을 칠 때 하는 말이 있습니다. "초식初食은 불식不食이고, 중식中食은 미식微食이고, 말식末食이 포식飽食이다." 즉, 처음에 돈을 따는 사람은 따는 것이 아니고, 중간에 따는 사람은 조금 따게 되고, 마지막에 따는 사람이 진정으로 따게 된다는 뜻이라고 합니다.

일생을 통해서 재물운이 계속 좋은 사람이나 반대로 일생을 통해서 계속 재물운이 없는 사람은 극히 소수에 지나지 않습니다. 대부분의 사람들은 초년에 재물운이 좋은 다음 내리막을 걷거나, 중년에 재물운이 좋아 끝까지 그것을 지켜내거나, 말년에 재물운이 좋아 마지막을 부유하게 사는 사람이 있습니다.

이렇게 보면 내게 재물운이 좋은 때가 중요한 것이 아닙니다. 재물운이 좋지 않을 때 내 재물을 잘 지켜내는 것이 더 중요한 겁니다. 즉, 버는 것도 중요하지만, 그보다 더 중요한 것은 가지고 있는 재물을 잘 지켜내는 겁니다.

돈은 벌고 싶어 안달한다고 벌리는 것이 아닙니다. 대부분의 사주는 재물운이 좋게 흐르는 때가 있습니다. 그때를 기다리는 지혜가 필요합니다.

3

안분지족의 삶을 지향하며

사주명리를 배우고 공부하는 목적은 추길피흉, 안분지족에 있다고 합니다. 즉, 길한 것은 따라가고 흉한 것은 피하며 자신의 분수를 알고 만족하는 삶을 사는 겁니다.

세계 제일의 선진국이라고 하는 미국 사람들의 행복도보다 최빈국 방글라데시 사람들의 행복도가 더 높게 나타나는 것은 절대적인 부의 정도가 행복의 척도가 아니라는 것을 알게 해줍니다.

서로가 경쟁하는 정글로 내몰리고, 또 서로의 삶을 비교하다 보면 모두가 결핍을 느끼게 되고 그러면 좋은 옷을 입고, 좋은 밥을 먹으며, 좋은 집에 살아도 행복하지 않은 경우가 많습니다. 조금은 가난하더라도 서로 도우면서 살아가고, 서로 비교하지 않고, 서로 시기하지 않을 때 비록 하루 한 끼로 버티고, 해진 옷을 입고, 비 새는 집에 살아도 행복을 느낄 수 있습니다.

재물을 대하는 태도도 이와 같습니다. 아무리 많은 돈이 있어도 만족하지 못하면 행복을 느낄 수 없습니다. 그러나 적당한 재물만 있어도 이에 만족하면 행복을 느낄 수 있습니다.

이런 삶이 바로 안분지족의 삶입니다.

990억 원을 가진 사람이 10억 원을 더 벌어 1천억 원을 채우려고 안달한다면, 그 사람은 많은 재산을 제대로 써보지도 못하고 말겁니다. 자신에게는 채워지지 않은 욕망이 남아 있기 때문에 돈을 벌려고만 하지 그 돈을 쓰는 즐거움을 느끼지 못합니다. 아무리 돈을 벌어도 만족하지 못한다면 삶의 질은 올라가지 못하게 됩니다. 채워지지 않은 욕구는 결핍을 낳게 되고 결핍이 누적되면 자신이 불행하다고 생각하게 되기 때문이죠.

인간은 태어나면서부터 자신의 명이 정해집니다. 어떤 사람은 명예가 높아지는 운명을 타고난 사람이 있고, 또 어떤 사람은 재물을 많이 모으는 운명을 타고난 사람이 있는 반면, 어떤 사람은 재물도 별로 없고, 명예도 높지 않은 운명을 타고난 사람도 있습니다. 문제는 명예가 높은 사람이 또 재물이 많은 사람이 이 둘을 모두 가지지 못한 사람보다 행복하다고 단정할 수 없다는 겁니다.

자신의 그릇을 제대로 알고 그 그릇을 가득 채우는 삶이 될 때 행복을 말할 수 있습니다. 타고난 그릇은 엄청 큰데 그 그릇을 모두 채우지 못하는 삶을 산다면 이보다 불행한 일은 없을 겁니다.

사주명리를 공부해야 하는 이유가 바로 여기에 있습니다. 사주명리를 통해서 자신의 그릇의 크기를 확인하고 그릇이 작더라도 가득 채워 넘치게 만드는 삶이 중요합니다.

이를 재테크에 비유한다면 내게 주어진 재물이 크면 큰 대로, 작으면 작은 대로 만족하면서 살아갈 수 있는 마음이 중요합니다.

주식시장의 격언 중에 "황소도 벌고, 곰도 벌지만, 돼지는 벌지 못한다"라는 말이 있습니다. 주식시장에서 황소는 강세장을 말합니다. 그리고 곰은 약세장을 말합니다. 강세장에서도 돈을 벌 수 있고, 약세장에서도 돈을 벌 수 있습니다. 그러나 돼지는 욕심만 가득찬 사람을 말합니다. 제대로 된 전략 없이 그저 욕심만 채우려고 달려드는 사람은 결코 돈을 벌지 못한다는 말이 됩니다.

자본주의 경제에서 재물은 꼭 필요한 재원입니다. 재물을 멀리 하고 도를 닦는 마음으로 살자는 것이 아닙니다. 내게 주어진 재물을 적극적으로 취하되, 그 시기를 잘 살펴야 내게 약이 되는 재물이 되는 것이고, 그 재물을 잘 지키고 제대로 사용할 때 내게 행복을 가져다준다는 겁니다.

이를 위해 자신의 사주원국을 바로 볼 수 있어야 하고, 또 대운과 세운의 흐름을 제대로 이해해야 합니다. 아주 세밀한 사주 해석까지는 힘이 들더라도 대강의 명과 운의 흐름 정도만 파악해도 재테크를 함에 있어 큰 낭패를 보지는 않으리라 믿습니다.

이 책이 추길피흉 안분지족을 이루기 위한 길라잡이가 되었으면 합니다.